VERDADE DESPLUGADA

Histórias para GAROTOS sobre fé, amor e outras coisas importantes

VERDADE DESPLUGADA

Histórias para GAROTOS sobre fé, amor e outras coisas importantes

Traduzido por
Helena Márcia Passareli

CPAD
Rio de Janeiro
2018

Título do original em espanhol: *Truth Unplugged*
Cook Communications Ministries, Colorado Springs, Colorado, EUA
Primeira edição em Inglês: 2004
Tradução: Helena Márcia Passarelli

Preparação dos Originais: Elaine Arsenio
Revisão: Miriam Reiche
Capa: Josias Finamore
Adaptação de projeto gráfico: Alexander Diniz
Diagramação: Natan Tomé

CDD: 240 - Ética Cristã e Ideologia Devocional
ISBN: 978-85-263-0886-2

Para maiores informações sobre livros, revistas, periódicos e os últimos lançamentos da CPAD, visite nosso site: http://www.cpad.com.br

As citações bíblicas foram extraídas da versão Almeida Revista e Corrigida, edição de 1995, da Sociedade Bíblica do Brasil, salvo indicação em contrário.

SAC — Serviço de Atendimento ao Cliente: 0800 21-7373

Casa Publicadora das Assembleias de Deus
Av. Brasil, 34.401 - Bangu, Rio de Janeiro - RJ
CEP: 21.852-002

7ª Impressão: 2018 - Tiragem 100

SUMÁRIO

INTRODUÇÃO

A vida é séria. E a vida como adolescente é algo que Deus leva muito a sério. Freqüentemente torna-se difícil separar-se do mundo e da sua maneira de fazer as coisas. Mas Deus deseja que você se reserve para Ele, desligado do engano do mundo para que possa ver melhor o plano de Deus — *A Verdade Desplugada.*

O quê? Você não acredita nisso? Considere Davi como adolescente diante de Golias, arremessando pedras com a força de uma bala, para acabar com uma situação sem saída que nenhum adulto do seu tempo conseguira lidar. E que tal isto? Envie o Filho de Deus à Terra como um bebê indefeso e torne-o a responsabilidade exclusiva e constante de uma mãe entre 14 e 16 anos chamada Maria.

Ou chame um adolescente sensível e tímido de nome Jeremias e diga-lhe para ser o portador de más notícias para um rei e sua corte, adultos cujas vidas estão fora de controle. Ah, e diga-lhe que eles o odiarão e nunca lhe darão ouvidos.

Percebe o que Deus quer dizer? Ele leva *você* muito a sério.

Para Deus, juventude é apenas outro nome para aventuras sérias e imprevisíveis. Essa é a razão por que selecionamos essas histórias acerca de adolescentes lidando com situações um tanto quanto sufocantes. Por você estar todos os dias lidando com assuntos importantes que alteram a vida, às vezes seus pais não sabem nada a respeito. As decisões que toma são freqüentemente feitas sob pressão que faria qualquer adulto desabar — mas você não pode desabar. Tem o seu futuro pela frente, e planeja torná-lo bom. É por isso que é tão importante ter a realidade de Deus — a sua *Verdade Desplugada* para a vida que você vive.

Este livro narra algumas histórias sobre momentos decisivos na vida de pessoas que se assemelham muito com a sua. No final de cada história há um versículo bíblico, apenas para você saber o que Deus tem a dizer a respeito desses assuntos — um **Download** do que Ele quer dizer para você. Tem também um **Link da Verdade** que é uma oração pela qual você pode dizer a Deus o que você precisa e pedir sua ajuda. Na **Implementação da Verdade** encontrará perguntas ou desafios que farão você responsável por suas decisões e o colocarão face a face com as implicações que nem sempre são óbvias. Às vezes você pode sentir que a **Implementação da Verdade** é como "um tapa no rosto", mas esse recurso lhe apresentará a verdade de uma perspectiva muito verdadeira, fazendo, esperamos, que você repense honestamente.

Finalmente, existe **A Verdade Desplugada** que é a regra básica a fim de ajudá-lo a lembrar o que fazer quando a vida estiver mudando um pouco rápido demais, e alguém estiver impaciente, forçando você a fazer o que ele quer. Essa orientação auxiliará você a fazer a vontade de Deus. Porque, como dissemos — tudo bem, você entendeu — sua vida é um assunto sério, tão sério que às vezes é o único com quem Deus pode contar para fazer a coisa certa.

Não deixe que ninguém o despreze por você ser jovem.

1 Timóteo 4.12 (NTLH)

O FILTRO DA VIDA

Namoro

DOWNLOAD:

Mas vós sois a geração eleita, o sacerdócio real, a nação santa, o povo adquirido, para que anuncieis as virtudes daquele que vos chamou das trevas para a sua maravilhosa luz. **1 Pedro 2.9**

— Oi, Tereza, graças a Deus encontrei você! Adivinhe o que acabei de ouvir? — exclamou Lília, alcançando Tereza no corredor entre as salas de aula. — Você não vai conseguir adivinhar!

Tereza parou em frente ao seu armário e, pegando o livro de Biologia, bateu a porta.

— O quê?

— Gustavo Stevens vai pedir para sair com você! Dá para crer? O cara mais badalado da escola! Eu ouvi quando ele conversava com Bruno Coleson na hora do almoço. Disse que você se senta perto dele na aula de Biologia. Acha você bonita e inteligente. Conforme ele disse, você tem tudo a ver. Dá para crer?

Lília parou para tomar fôlego antes de continuar:

— Por que você não está pulando de alegria? Aqui estou eu pronta para dar uma força para você.

— Lília, é claro que estou lisonjeada — disse Tereza, escolhendo as palavras cuidadosamente. — Na verdade, estou admirada. E você está certa: ele é o cara mais badalado da escola.

— Mas?

— Mas ele não é barra pesada? Quero dizer, ele e o resto do seu time de futebol não foram presos por beberem no último jogo? Até saíram às escondidas por dentro do ônibus. Que estupidez é essa?

— Tereza, estamos falando de Gustavo Stevens. O Gustavo Stevens. O cara com quem nós duas sonhamos desde o primeiro ano. O quê? Não me diga que uma escorregadinha de nada vai impedi-la de sair com ele?

Lília não estava acreditando no que ouvia. Tereza estava mesmo pensando se ia ou não sair com Gustavo Stevens. Sair com ele a tornaria parte da galera mais popular da escola. Seja como for, sendo líder de torcida, Lília poderia namorar com quem quisesse do grupo, mas, mesmo assim, ela não estava a fim de Gustavo Stevens. *Como Tereza poderia recusar?*, pensava ela.

Ela e Tereza haviam sido amigas desde o primeiro ano. Na verdade, Tereza fora sua primeira amiga. Moravam há poucos quarteirões uma da outra e até freqüentavam a mesma igreja. Mas, às vezes, Tereza era persistente com relação às suas crenças. Lília orgulhava-se de ter mente aberta. *Nós basicamente acreditamos da mesma maneira,* ponderava Lília. Ela tentava compreender as convicções de Tereza, contudo, por vezes, achava que Tereza precisava apenas de um incentivo.

Lília não tinha problemas em namorar alguém que não acreditava no mesmo que ela. Em sua mente, a vida possuía compartimentos. Escola era escola, igreja era igreja e garotos eram... ora, garotos. Lília não entendia por que todas as áreas tinham de se sobrepor.

Por outro lado, Tereza acreditava que a igreja estendia-se por todas as áreas de sua vida. Certa vez, disse à Lília que enxergava a vida como um filtro. Passatempos, garotos e escola, tudo passava pelo filtro. Caso não se alinhasse com a sua fé, então o colocava de lado. Para Lília, esse tipo de raciocínio tornava a *maneira* de se viver difícil demais. Haveria bastante tempo para esses assuntos sérios mais tarde.

Lília mal conseguia se concentrar nas outras atividades do dia. Talvez se Tereza saísse com Gustavo, finalmente teria uma chance com Bruno Coleson. Ele não era apenas legal, mas também possuía um carro bacana. Tentara atrair sua atenção ao longo dos últimos meses. Ela fora às mesmas festas sozinha, já que Tereza não ia com ela e suas outras amigas tinham namorados.

Quando contara a Tereza sobre seus planos para fisgar Gustavo, Tereza perguntou-lhe: "Ele é crente?", como se ser crente fosse algum tipo de prova decisiva.

"Eu não sei. Eu acho. Tenho certeza de que ele acredita em Deus. É provavelmente como um de nós", respondeu ela.

Mas agora esta era a chance de ambas. Tereza poderia ficar com Gustavo, e Lília poderia sair com Bruno. Parecia um excelente plano para ela. Se tivessem sorte, conseguiriam passar o ano todo com os garotos mais bonitos da escola.

A VERDADE DESPLUGADA:

Concordar com as coisas deste mundo significa tomar a decisão contrária a que Deus tem para você.

Depois da aula, Lília correu de volta para o armário de Tereza, ansiosa para saber das novidades.

— E então? — perguntou ela, quando Tereza finalmente chegou.

— E então o quê? — falou Tereza, abrindo o armário e esvaziando a mochila.

— Então ele pediu? O que ele disse?

— Ele me pediu para sair com ele e alguns de seus amigos na sexta.

— Uau! Que legal! Você aceitou na hora, não é?

— Parando de tirar as coisas da mochila, Tereza confessou:

— Eu recusei.

— Você o quê? — Lília estava certa de que tinha ouvido mal.

— Eu recusei. Ele não é crente, e não posso sair com ele. Você sabe que não namoro rapazes que não sejam crentes.

— Você está brincando, não está? — perguntou Lília, com os olhos arregalados de descrença. — Eu sei que você disse que não namora rapazes descrentes, mas não achei que fosse recusar Gustavo Stevens — disse ela, vagarosamente, como que tentando absorver o choque.

— Não foi fácil, mas... foi a coisa certa a fazer.

Lília ficou olhando para a amiga e, por fim, falou:

— Tudo bem, se é isso o que você quer, para mim está bom.

— Lília, sei que você não me entende, mas honestamente, eu não entendo você também — disse Tereza, amavelmente. — Como você pode ir à igreja aos domingos e quartas-feiras e depois ir às festas pesadas e sair com não-crentes? Você tem outras escolhas, sabia?

As palavras de Tereza doeram. Lília sabia que havia uma ponta de verdade nelas, mas por que ela não podia ter tudo — igreja *e* namorados populares? Ou será que ela tinha mesmo outras escolhas?

— Por que é tão errado fazer as duas coisas? Não é que eu vá me casar com esses rapazes; eu só quero me divertir. E eles são tão bonitos e populares. O que há de tão errado nisso? — questionava Lília.

— Não há nada de errado em ser bonito ou popular, mas você sabe que não tem nada em comum com eles... pelo menos nada que realmente importe.

Lília encolheu os ombros.

— Talvez.

Talvez Tereza tivesse razão. Quem sabe não conseguisse separar as áreas de sua vida como Tereza queria que ela fizesse. Talvez devesse fazer alguma separação. Ela tinha de pensar sobre isso.

— Você vai ao culto da mocidade amanhã à noite? — perguntou Tereza, tentando amenizar aquele momento.

— Ah, sim! Claro — respondeu Lília, com os pensamentos a milhares de quilômetros de distância.

LINK DA VERDADE:

Querido Jesus, obrigado por mostrar-me a melhor maneira de viver e a ter as pessoas certas em minha vida. Ajude-me a ser forte, para que eu possa viver a minha vida da maneira que o Senhor quer que eu viva, fazendo boas escolhas em todos os meus relacionamentos. Na verdade, permita que essas escolhas sejam as que o Senhor escolher para mim. Amém.

IMPLEMENTAÇÃO DA VERDADE:

Você já foi influenciado a pensar ou agir de certa maneira pelas pessoas de sua convivência? Os amigos e a família nem sempre compreendem as crenças que você tem. Não caia na armadilha de se deixar levar pelos outros. Pode ser um sacrifício a curto prazo, mas lembre-se de que Deus deseja que você tenha relacionamentos com pessoas que possuam as mesmas crenças que as suas. Não é que Ele esteja punindo você por isso, mas é porque sabe o que é melhor para você.

A TERRA DE NINGUÉM

Divórcio

DOWNLOAD:

Porque sou eu que conheço os planos que tenho para vocês, planos de fazê-los prosperar e não de lhes causar dano, planos de dar-lhes esperança e um futuro. **Jeremias 29.11 (NVI)**

— Então, a que horas seu pai chega? — perguntou a mãe de Michele de pé na porta do seu quarto.

— Ele disse que viria me buscar em torno das seis e meia — respondeu Michelle, fazendo a mala para passar o final de semana com o seu pai.

— Ela vai estar lá?

— Quem?

— A Miss Instrutora de Aeróbica — falou sua mãe com desdém.

— Eu não sei, mãe — disse Michelle com resignação. *Quando isso vai acabar?* Ela se perguntava tristemente

— Ela é tão jovem que provavelmente ainda tenha hora de ir dormir. Então, mesmo que esteja lá, acho que não poderá ficar muito tempo.

Os pais de Michelle haviam se divorciado no ano anterior. Isso não viera como surpresa, uma vez que a casa deles tinha sido uma zona de guerra por anos, cheia de gritarias seguidas de gélidos silêncios. Michelle preferia a gritaria. Pelo menos dessa forma entendia que seu lugar era entre eles. Os conflitos silenciosos, entretanto, tinham se infiltrado em cada canto da casa, tornando-se impossível relaxar.

Depois do divórcio dos seus pais, ela pensou que tudo melhoraria. Ao menos, se não estavam vivendo juntos, haveria paz, ponderava ela.

Mera ilusão.

Michelle agora vivia "na terra de ninguém" entre os dois campos rivais. Ela passava um final de semana a cada quinze dias e um ou dois jantares por semana com seu pai. O resto do tempo vivia com a mãe.

Seus pais não se falavam mais. Em vez disso, se falavam *por meio* de Michelle ou com seus advogados. Através dela, tentavam descobrir o máximo possível sobre o outro. Quem cada um namorava? Quanto dinheiro o outro tinha? Que tipo de carro ele ou ela comprara? Seus empregos. Qualquer coisa. Tudo. Eles se parabenizavam quando descobriam que o outro estava tendo dificuldades. A mãe de Michelle estava convencida de que o pai dela estava no meio de uma crise de meia-idade, e o seu pai estava igualmente certo de que a mãe havia se tornado uma resmungona, que não sabia como se divertir.

Michelle não via nenhum deles desse jeito. Eles apenas se relacionavam com a vida de maneiras diferentes. A sua mãe equilibrada preferia a simplicidade e a frugalidade. Seu generoso pai, sempre na vida de festas, cheio de espontaneidade. Michelle os amava, mas achava difícil ter de ficar sempre entre eles.

Tentava não pensar muito se eles tinham se arrependido em tê-la. *Talvez se eles nunca me tivessem tido, seriam mais felizes,* pensava ela. *Poderiam seguir com suas vidas sem ter de se verem novamente. Mas por causa de mim, estão presos numa conexão um com o outro para sempre.*

Michelle chacoalhou a cabeça, tentando fugir desse pensamento perturbador. Continuou enchendo a mala com roupas e maquiagem. Sua mãe não havia terminado de reclamar a respeito de seu pai ou da sua namorada mais jovem.

— Não consigo acreditar que ele não se sente constrangido em namorar essa moça. Ela tem metade da sua idade — disse ela. Então sua mãe resmungou:

— Mas o que eu sei? Eu vivi com ele por dezessete anos e ainda não o compreendo.

Subitamente soou a buzina de uma caminhonete. A mãe de Michelle caminhou até a janela.

— Ele chegou

— Estou pronta.

— Pegou a jaqueta? — ela perguntou. — Pode esfriar esse final de semana. Ah, e por falar nisso, estarei na casa da vovó amanhã, por isso se você precisar de mim, me ligue no celular, eu te amo — disse ela, abraçando a filha. — Divirta-se.

— Eu também te amo, mãe. Até domingo.

Michelle pegou a jaqueta e a bolsa e saiu pela porta.

— Oi querida — seu pai disse, abrindo a porta da caminhonete. — Advinha o que vamos fazer?

Animado demais para esperar por uma resposta, ele continuou.

— Vamos fazer esqui aquático! Tenho um amigo no trabalho que nos convidou para passar o final de semana em sua casa no lago Kipaushee. A filha dele também está passando o final de semana com ele. Ele tem um barco a motor, então vamos andar de ski. Vamos comer fora. Vai ser o máximo! Venha, entre. Vamos agora para lá!

— Parece divertido, papai. — Seus finais de semana com o pai nunca eram entediantes.

Conforme iam, o pai de Michelle lhe perguntou sobre os amigos e a escola. Depois, a conversa se voltou para a sua mãe.

— Como está sua mãe?

Lá vem ele, pensou Michelle.

— Ela está bem.

— Ela tem grandes planos para o final de semana? — ele sorriu maliciosamente, abanando a cabeça. — Não responda. Como se sua mãe tivesse grandes planos. Provavelmente se sentará em casa sozinha e lerá um livro.

Michelle virou-se e olhou para fora da janela.

— Ei, só estou brincando — disse o pai dela.

— Não, você não está — disse Michelle calmamente, meio sufocada.

— O que foi?

Voltando-se para encarar o seu pai, ela falou equilibradamente.

— Você não está brincando, papai. Você e mamãe nunca brincam um com o outro. Vocês apenas se espezinham. Costumavam se espezinhar face a face. Agora se espezinham através de mim.

A VERDADE DESPLUGADA:

Embora as coisas em sua vida possam ser difíceis, o quadro que Deus tem para o seu futuro está cheio de ótimas coisas.

O pai de Michelle encarou-a diretamente.

— Vocês provavelmente desejariam que eu nunca tivesse nascido para que pudessem se ver livres um do outro. — Murmurou Michelle, voltando-se em direção à janela.

Seu pai lançou-lhe um olhar surpreso.

— O que você disse?

— Eu disse que vocês provavelmente desejariam que nunca tivesse nascido para que pudessem se ver livres um do outro de uma vez por todas.

Seu pai estacionou a caminhonete à margem da estrada, permitindo que os outros carros passassem. Virou-se para sua filha e disse:

— Querida, quero que você me ouça. Sua mãe e eu nunca desejamos que você não tivesse nascido. Sei que as coisas têm sido árduas, mas há uma coisa na qual nós dois concordamos e é você. Você é a melhor coisa que já aconteceu para nós. E lamento que nossas discussões tenham feito você achar que não é nada mais que um presente para nós.

Michelle não falou nada. Ela fitava as próprias mãos, tentando segurar as lágrimas.

— E vou dizer mais — continuou seu pai num tom amável. — Vou telefonar para sua mãe. Não estou prometendo que seremos perfeitos, mas vou tentar conversar com ela a respeito do que podemos fazer para nós dois mantermos você fora de nossos problemas.

Depois, puxando Michelle e lhe dando um abraço, ele completou:

— Eu te amo. Jamais duvide que você é a melhor coisa em minha vida.

LINK DA VERDADE:

Querido Jesus, ajude-me a viver em paz no meu lar. Mostre-me como ser um exemplo para a minha família e como me aproximar a cada dia da maneira que você quer que eu viva. Eu sei que o Senhor me ama. Ajude-me a lembrar de que o Senhor tem planos para a mim e não pensar que a vida seria melhor sem mim. Amém.

IMPLEMENTAÇÃO DA VERDADE:

Você já experimentou as conseqüências de um divórcio estressante? Talvez o divórcio de seus pais tenha sido de certa forma amigável. Sendo assim, ótimo. Infelizmente, muitas vezes não é assim que acontece. Com alguns pais divorciados, a batalha continua numa fúria tremenda, deixando os filhos se sentirem no meio do tiroteio. Se esta é a sua realidade, peça a Deus para mostrar a você como viver e reagir com amor e paz à raiva de seus pais. Permita que Deus mostre a você como ser exemplo e recuse-se a ceder aos pensamentos de que os problemas deles são por sua causa, e que a vida seria bem melhor sem você. Sua vida foi planejada desde o início, e Deus ainda tem bons planos para você e o seu futuro.

A FRIA VERDADE

Raiva

DOWNLOAD:

Sejam todos prontos para ouvir, tardios para falar e tardios para irar-se, pois a ira do homem não produz a justiça de Deus. **Tiago 1.19,20 (NVI)**

— Como eles puderam fazer isso comigo? — Érica se enraiveceu.

O pai de Érica havia convidado o filho de uma de suas novas colegas de trabalho para sair com ela ao parque de diversões, sábado à noite.

"Seja gentil, Érica", dissera seu pai. "Ele é novo na cidade e não conhece ninguém. Pode levá-lo ao parque de diversões e apresentá-lo aos seus amigos. Vai ser divertido."

Érica deu um suspiro de desagrado só de se lembrar da conversa. Seus pais estavam sempre se interferindo em sua vida. Não podiam forçá-la a ser amiga de um perdedor, seja ele novo ou não na cidade. Isso não era seu problema.

No sábado, seu pai a levou de carro para pegar Jaime, o filho de sua colega, para irem ao parque de diversões. Érica deu uma olhada em Jaime e suspirou com desagrado de novo. Enquanto se movia para o assento traseiro, deu-lhe o seu melhor olhar de *nós não vamos ser amigos.* Quanto a ela, ele podia se parecer com Brad Pitt, ser tão inteligente como Bill Gates e tão engraçado como Jim Carey que, mesmo assim, não seriam amigos. Seus pais forçaram essa situação, e infelizmente para o rapaz, este teria de pagar por isso.

A caminho do parque de diversões, o pai de Érica tentou levar um papo com Jaime. Ele até arrastou Érica para a conversa também, mas ela não se alterou, dando respostas monossilábicas e em tom cortante. Não ia entrar no jogo de *eu sou a pessoa legal do papai.* Jaime respondeu às perguntas do pai da menina e lhes fez outras.

O quê? Eles não estão concordando?, pensou Érica sarcasticamente. *Talvez papai o leve ao parque de diversões. Assim posso me divertir com os meus amigos em vez de dar uma de babá para um perdedor.*

No parque de diversões, Érica saiu de forma súbita do carro e bateu a porta bruscamente. Ela já estava deixando Jaime para trás, quando ouviu seu pai chamá-la através da janela do motorista. Detendo-se de repente, ela se voltou e caminhou até o carro.

— O que há com você Érica? Pode estar com raiva de sua mãe e de mim, mas não descarregue em Jaime. Ele não fez nada.

Érica respondeu num tom frio "Está bem", antes de se voltar para Jaime.

Indo direto ao balcão de ingressos, lançou-lhe um tenso "Vamos!" Mas, não esperou pela resposta e foi direto comprar os ingressos.

Logo em seguida, encaminhando-se ao seu grupo de amigos que estavam sentados perto das barracas, ela deixara que Jaime a seguisse a distância. Ao chegar lá, observou como vários deles se apresentaram a Jaime e o convidaram a se juntar ao grupo. Érica, por outro lado, o ignorava o tempo todo.

— Onde você conheceu Jaime? — perguntou sua amiga Cibele quando foram comprar churros.

— Meus pais — respondeu ela com desdém. — A mãe dele trabalha com meu pai. Ele é novo na cidade, e meu pai o convidou para ir ao parque de diversões comigo. Dá para crer?

Cibele riu e sacudiu a cabeça.

— Não sei por que você está tão zangada. Ele é legal.

Érica deu um suspiro de novo.

— Ah, pare com isso! — disse ela, como se Cibele tivesse dito a coisa mais ridícula do mundo.

Quando todos comeram todos os churros, cachorros quentes e algodões-doces que conseguiram suportar, Érica percebeu o quanto os seus amigos pareciam gostar de Jaime.

Eles o incluíam em todas as piadas e conversas. Por estar ainda irritada, não conseguia se integrar na diversão. Ele era um intruso que tinha se infiltrado na sua galera. Eles talvez não se importassem como ele se unira ao grupo, mas ela se importava e não ia agir como se tudo estivesse bem, porque não estava.

No meio de uma das piadas de Jaime, Érica de repente se levantou, interrompendo-o:

— Vamos andar nos brinquedos ou ficaremos sentados aqui perdendo tempo?

Então caminhou até uma lata de lixo e jogou seu churro fora. Sabia que havia sido rude pela aparência chocada no rosto de Jaime quando o interrompera. Na verdade, todos pareciam surpresos pela sua explosão, mas ela conseguiu evitar. Esta era a sua galera e não a dele.

Ao pegarem o caminho em direção ao primeiro brinquedo, decidiram quem andaria com quem. Érica não estava animada em andar com Jaime, mas pelo visto não tinha muita escolha. Os demais haviam decidido por ela. Jaime, Cibele e Érica ficariam em um carrinho. Depois de entregarem seus ingressos ao cobrador em frente da fila, ela foi entrando num carro vago.

— Senhorita, por favor, entre em outro carrinho — gritou um dos funcionários, indicando-lhe outro carrinho. — Esse está com defeito.

Érica fez uma careta e entrou no carrinho indicado pelo funcionário.

— Você ouviu como ele falou comigo? — sussurrou ela para Cibele depois de se sentarem. — Não tinha de agir dessa maneira. Como eu podia adivinhar que aquele carrinho estava ruim?

Cibele apenas deu uma risadinha, enquanto Jaime olhava pasmo para Érica.

Depois de se divertirem com esse brinquedo, entraram em outros antes de irem para a roda-gigante. Novamente Érica fez par com Jaime e, embora, se sentassem um ao lado do outro, nenhum deles falou nada. Avançando lentamente até o topo, a roda-gigante parava em intervalos, permitindo que outros passageiros saíssem e entrassem. Uma vez no topo, Érica podia avistar quilômetros de distância. Não gostava muito de alturas e sua ansiedade crescia a cada momento que passava.

— Qual é o problema? Por que eles não podem fazer esta coisa andar? — disse ela frustrada, olhando ansiosamente sobre a beirada.

— Você está *sempre* com raiva? — perguntou Jaime. Ela voltou-se para ele e viu que a observava com uma expressão de interrogação.

— O que você quer dizer? — respondeu ele, com irritação.

— Desde que a conheci está sempre nervosa. No começo, achei que estivesse chateada com seu pai. Depois, pensei que fosse comigo. Agora aborrece os funcionários do parque de diversões. Está procurando briga, não está?

Érica sentiu a pontada em suas palavras, mas não queria dar o braço a torcer.

— Você não sabe de nada — respondeu ela desgostosa. — Meus pais me fazem acompanhar um cara que eu nem mesmo conheço para este estúpido parque de diversões. Daí você age como se fizesse parte da minha galera, quando não faz. Agora, tenho de agüentar pessoas chatas que não sabem nem operar um brinquedo ou uma roda-gigante. Não precisa ser muito inteligente para saber apertar botões.

No final da discussão, esperava que Jaime respondesse. Na verdade, seria bem-vindo. *Pode falar!*, pensou ela. Em vez disso, Jaime simplesmente a observava. Depois de um longo momento silencioso, Érica começou a se sentir desconfortável, porém Jaime não vacilou. Continuava encarando-a como se ela fosse um enigma a ser resolvido. Então, devagar, ele sorriu, antes de acrescentar:

— Bem, acho que é isso.

Érica ficou chocada. Esperava uma briga, mas em vez disso ele estava rindo dela. Teve vontade de jogá-lo para fora do assento.

Depois da roda-gigante, a galera foi jogar nas barracas. Eles atiraram moedas nos potes de peixe, derrubaram pinos de boliche com bolas de beisebol e lançaram argolas em garrafas de refrigerantes. Vários conseguiram ganhar brindes e bichos de pelúcia. Mas Érica parecia não conseguir ganhar nada. Quanto mais se esforçava, mais zangada ficava. Finalmente, depois de experimentar vários jogos, estava prestes a desistir.

— Jogo bobo! — gritou ela, batendo no balcão com as mãos.

— Relaxe — disse Jaime vindo ao seu lado. — Você está deixando suas emoções estragarem o jogo. Dê uma respirada funda e experimente assim. - Sem esforço ele jogou a bola de basquete no buraco.

— Vamos. Tente.

Érica esperou ouvir algo sarcástico dele. Entretanto, parecia que se importava sinceramente que ela ganhasse um prêmio. Aceitando seu conselho, ela respirou fundo e mirou o buraco.

Vupt. A bola entrou direto.

Então lançou outra bola. *Vupt.*

E mais outra. *Vupt.*

Com seu bichinho de pelúcia exprimido seguramente sob o braço, ela se voltou para Jaime.

— Obrigada — disse ela simplesmente. Ele acenou, sorriu e dirigiu-se para o próximo jogo.

A VERDADE DESPLUGADA:

Você não tem de se sentir como um vulcão que está pronto para explodir quando as situações difíceis aparecerem. Deus pode ajudá-lo se libertar do mau humor.

Ao observá-lo afastando-se, Érica voltou a refletir sobre a pergunta que ele fizera. Estaria mesmo com raiva o tempo todo? Ela sempre estava procurando briga? Érica teve de admitir que estava. Geralmente sentia-se como uma panela de pressão a ponto de explodir, isso explicava por que sempre entrava em desacordo com os seus pais e por que era tão protetora com suas amizades. Ela esperava o pior das pessoas, por isso sempre ficava na defensiva. Mas por quê? Essa era a pergunta que tinha de responder.

Olhando as estrelas e a lua no céu noturno, percebera que Deus era o único que poderia ajudá-la a responder essa pergunta. E definitivamente era o único que podia ajudá-la a mudar.

Senhor Jesus, não sei por que fico com raiva tão de repente, ela orou silenciosamente, *mas é como me sinto na maior parte do tempo. Não quero me indispor com as pessoas, mas sempre espero o pior delas. Quero estar em paz e receber as coisas como elas acontecem — calmamente. O Senhor pode me ajudar, não pode?*

Sentindo a brisa da noite a roçar, Érica abraçou um pouco mais forte o bichinho de pelúcia e correu para juntar-se aos amigos, sabendo que, juntos, ela e Deus trabalhariam nisso.

LINK DA VERDADE:

Querido Jesus, luto contra a raiva. Pequenas coisas me provocam. Tento controlar meu temperamento, mais às vezes ele leva a melhor de mim. Ajude-me a reagir com compaixão e autocontrole ao lidar com as pessoas e

com as coisas. E quando ficar chateada, ajude-me a sair da situação para que não seja afetada. Amém.

IMPLEMENTAÇÃO DA VERDADE:

Você é temperamental? Fica com tanta raiva às vezes que sente vontade de jogar coisas ou ferir alguém? Sempre está na defensiva porque espera o pior das pessoas? Deus pode ajudá-lo. Quer ajudá-lo a desenvolver mais paciência, mostrar o que desencadeia a sua raiva e ensinar como lidar com isso. Por exemplo, Ele pode ensiná-lo como demonstrar seus sentimentos de maneira respeitosa e clara. Ou pode ajudá-lo a pensar o melhor dos outros, em vez de automaticamente se sentir na defensiva. Pode auxiliá-lo a ficar calma no meio das situações irritantes.

CHAVES DE CASA

Mudança na Família

DOWNLOAD:

Não estejais inquietos por coisa alguma; antes, as vossas petições sejam em tudo conhecidas diante de Deus, pela oração e súplicas, com ação de graças. E a paz de Deus, que excede todo o entendimento, guardará os vossos corações e os vossos sentimentos em Cristo Jesus. **Filipenses 4.6,7**

Do alto do farol, Jack contemplava a vista. O oceano cor de grafite se estendia até onde os olhos conseguiam alcançar, encontrando-se com o carregado céu cinza à distância. O mar estava agitado. Ondas se lançavam uma após a outra em direção aos rochedos da praia.

Essa era a coisa mais interessante que tinha visto em sua viagem. Jack não queria ter vindo com seu pai, a nova madrasta e a nova meia-irmã. Ele preferia estar em casa com os amigos, curtindo um verão quente nadando no lago. Em vez disso, fora forçado a juntar-se a essas pessoas estranhas que seu pai havia convidado a entrar em sua vida.

— O farol do Cabo Hatteras é o farol mais alto dos Estados Unidos, elevando-se a quase sessenta e cinco metros de altura — explicou o guia de expressão severa. — Seu propósito era ajudar os navios a navegar nas águas traiçoeiras dos bancos de areia Diamond ao largo da costa da Carolina do Norte.

Jack examinava seu pai, que olhava para o guia com intensidade. Essa era a maneira como ele encarava todas as situações — com intensidade. Até essas férias eram intensas. Fazia três meses que seu pai se casara com Marie e, com esta, viera Samantha, sua nova meia-irmã de dez anos. O pai de Jack decidira que todos precisavam de umas férias para se integrarem como família.

Jack engasgou só de pensar. A última coisa que queria era "integrar-se" com esses estranhos. Ele se voltou para fitar as águas de novo. Por que ele teve de se casar?, perguntava-se o garoto novamente. Estávamos muito bem sem elas.

— Jack, você está pronto? Marie e Samantha querem ir à loja de presentes — perguntou seu pai, aproximando-se dele.

— Claro, pai — respondeu Jack desesperadamente.

— O que é que há? Você não está se divertindo? — replicou entusiasmado, colocando um braço sobre os ombros dele.

— Estou, o farol é ótimo — afirmou Jack com um sorriso forçado.

— Assim que sairmos daqui, vamos direto à cidade para uma pensão histórica que Marie e Samantha acharam. Daí vamos procurar um restaurante com a culinária local. Não parece divertido?

Jack nada comentou. Em vez disso, desceu as escadas desejando que pudessem ficar no tipo de lugar que ele e seu pai geralmente ficavam: em rede de hotéis. Para o jantar, teriam pedido uma pizza enquanto assistiam um filme de ação e aventura na TV a cabo. Contudo, ele tinha pela frente uma noite de comida estranha e quartos comuns sem TV.

Droga! Esta viagem pode ficar pior que isso?, ele se perguntava.

Na loja de presentes, Marie e Samantha anunciaram que haviam encontrado a lembrança perfeita da viagem — camisetas iguais. Completamente emocionadas com seus achados, cada uma segurava sua camiseta pintada na frente com uma grande foto em preto e branco do farol. Ambos itens estavam em promoção.

— Vamos ficar todos iguais com a roupa combinando! — esganiçou Samantha.

— Hum... acho que fico fora dessa — mencionou Jack, esforçando-se para não parecer horrorizado ao pensar em usar uma camiseta que fazia par com outra.

— O que você quer dizer? — perguntou Samantha incrédula.

— Desculpe-me, Sama. Não vou usar uma camiseta igual — assegurou Jack sarcasticamente.

— O meu nome é Samantha! De qualquer forma, não ia gostar de combinar com você — replicou Samantha. — Achava que ter um irmão seria legal, mas você é mesmo muito bobo! — E com essa observação, jogou a camiseta ao chão e saiu correndo da loja.

A VERDADE DESPLUGADA:

Deus quer mostrar-lhe a perspectiva dEle. Deus pode dar a você esperança por meio das mudanças ocorridas em sua família.

Marie franziu o cenho para Jack e seu pai. Então, sem dizer uma palavra, colocou a camiseta de volta no mostruário e saiu para consolar Samantha.

Pasmado, Jack não sabia como reagir.

— O que há com ela? Tudo o que eu disse foi que não queria uma dessas estúpidas camisetas. Ela não precisava dramatizar — comentou Jack na defensiva.

O seu pai desabafou vagarosamente.

— Jack, o meu casamento com Marie é um ajuste para todos nós e não apenas para você. Ainda vai se acostumar com a nova madrasta e a meia-irmã. E eu estou me acostumando com uma nova esposa e filha. Marie está se acostumando conosco assim como Samantha. Você sabia que Marie me contou que sua filha sempre quis ter um irmão mais velho? Por isso, você é a resposta de oração para ela. Ao invés de tentar conhecê-la, a ignora em todas as oportunidades que surgem.

Jack sentiu-se derrotado. Não havia pensado a respeito disso sob a perspectiva de ninguém. Apenas havia percebido que as coisas tornaram-se difíceis para ele.

— Só sinto saudade da maneira como as coisas costumavam ser — murmurou ele.

— Na verdade, Jack, acho que as coisas eram melhor na sua cabeça do que eram na realidade. Você percebe que, desde que Marie e eu nos casamos, temos feito quase todos os jantares juntos à mesa da sala de jantar? Sei mais sobre o que está acontecendo com você agora do que antes. E Marie sai da sua rotina para verificar se você tem as roupas certas para a escola e os esportes. Ela me faz lembrar de todos os seus jogos e atividades escolares para que não perca nenhum. E acima de tudo, ela e Samantha ainda não faltaram a nenhum dos seus jogos. Deixou de tirar zero na escola ou de não haver ninguém na arquibancada e agora tem três pessoas em cada jogo torcendo por você. Confie em mim; tem mais agora do que tinha antes. Só não quer admitir isso.

Jack refletiu no que seu pai dissera. Talvez não tivesse percebido que as coisas estavam melhores agora do que antes. Marie e Samantha entraram em suas vidas. De fato, nem mesmo havia percebido tudo que as duas faziam por ele. Ou o quanto as coisas eram melhores agora com as duas. Ele estava ocupado demais evitando-as o tempo todo.

Depois que seu pai saiu da loja, Jack decidiu fazer um esforço com a sua nova família. Talvez as coisas não fossem assim tão ruins, apesar de tudo. Em seguida, bolou uma maneira de fazer as pazes com Samantha. Dando uma olhada na loja, encontrou exatamente o que estava procurando.

De volta no carro, Jack se acomodou no banco traseiro. Recusando-se a olhar para ele, Samantha virou-se para a janela, seu rosto ainda estava com traços de lágrimas secas.

— Samantha, encontrei uma coisa para você — comentou ele.

Marie e seu pai se viraram para ver.

— Na verdade — continuou ele — achei uma coisa para todos nós.

Cautelosamente, Samantha virou-se em direção a ele.

— O quê?

— Bem, não é uma camiseta, mas ainda assim acho que é legal. — Então, abrindo a mochila, Jack tirou quatro chaveiros cor de bronze, no formato de farol.

— São chaveiros do farol do Cabo Hatteras. Podemos colocar as chaves de casa neles. Vejam, só podemos usar a camiseta de vez em quando, mas podemos usar estes chaveiros todos os dias. E seremos os únicos com um chaveiro e uma chave para a nossa casa nele.

Samantha estendeu a mão e delicadamente pegou o seu chaveiro, examinando-o cuidadosamente.

— É só para nós? — perguntou ela.

— Sim, só para nossa família — afirmou Jack sorrindo para ela.

— Jack? — chamou ela. — Você pode me chamar de Sama, se quiser.

Ele sorriu.

— Acho que ficaria bem em você.

— O apelido que meu irmão mais velho me deu — concluiu Samantha, dando uma risadinha enquanto segurava seu novo chaveiro do farol.

LINK DA VERDADE:

Querido Jesus, minha família passou por uma mudança recentemente. Não entendo por que tinha de mudar, no entanto, peço-te que me dê paz e sabedoria durante a transição. Ajude-me a ser paciente com os membros da minha nova família e permita que eu veja as coisas boas neles. Ajude-me a amá-los da maneira que o Senhor os ama. Amém.

IMPLEMENTAÇÃO DA VERDADE:

Algumas famílias são difíceis de entender, e é especialmente penoso quando padrastos ou madrastas, meio-irmãos e meio-irmãs entram nas fotos de família. É fácil ressentir-se das mudanças que elas ocasionam em sua vida. As coisas costumavam ser de uma maneira, e agora são de outra. Lembre-se de que é uma mudança para todos — seu pai (ou sua mãe), sua nova madrasta (ou seu novo padrasto), seus irmãos e seus meio-irmãos. É importante que todos achem a melhor maneira de viverem juntos.

Converse com seus pais a respeito de suas preocupações e ouça de verdade o que têm a dizer. Experimente ser paciente e peça a Deus para auxiliá-lo

durante esta transição. Ele pode ajudá-lo a passar por isso e fazer com que entenda melhor a situação.

QUAL É O BARATO?

Drogas

DOWNLOAD:

Os céus e a terra tomo, hoje, por testemunhas contra ti, que te tenho proposto a vida e a morte, a bênção e a maldição; escolhe, pois, a vida, para que vivas, tu e a tua semente, amando ao Senhor, teu Deus, dando ouvidos à sua voz e te achegando a ele; pois ele é a tua vida e a longura dos teus dias. **Deuteronômio 30.19,20**

— O que é que tem? É só maconha — suplicou Trevor, segurando um pequeno saco de plástico contendo dois baseados.

Sentado em seu quarto numa tarde de sábado, Rob ouvia, ao mesmo tempo em que se lembrava de todas as coisas que tinha escutado falar sobre drogas. Podia ouvir seu pai mandando-lhe prometer que jamais entraria nessa. Conseguia também ver sua mãe meneando a cabeça, ao saber que seu primo entrara em outro centro de reabilitação para drogados. Entretanto, qualquer um desses fatos se aplicaria agora?

É só maconha, ponderava ele.

— Onde você conseguiu isso? — perguntou Rob.

— Meu irmão me deu. Ele disse que é inofensivo, só faz você se sentir bem relaxado. Não é grande coisa como cocaína, heroína ou algo assim — explicou Trevor.

Embora Rob nunca houvesse pensado em usar drogas, tinha de admitir que imaginava como devia ser. Trevor tinha razão: era só maconha e não uma coisa ruim. Talvez pudesse provar.

— Está bem, vou experimentar — concordou finalmente.

— Legal. Eu não queria fazer isso sem ser com o meu melhor amigo — complementou Trevor animadamente. — É por isso que meu irmão me deu dois, embora possamos fumar um juntos.

Durante os vinte minutos seguintes, Rob e Trevor compartilharam um baseado, curtindo a sensação de euforia. Passando o efeito, ambos sentiram uma fome voraz, que os levou a correr até a cozinha para fazer um lanche.

Depois que Trevor foi embora, Rob se pôs a refletir sobre esse dia. Na verdade, fumar maconha não foi o que esperava. Sentiu medo de que algo terrível acontecesse, como ficar doente ou pirar de vez. Todavia nada disso aconteceu. Pensou a respeito e decidiu que talvez Trevor e seu irmão estivessem certos. *É provável que a maconha não seja lá grande coisa*, ponderou com certa satisfação.

Ao se lembrar de que seus pais estavam para chegar em casa, Rob abriu as janelas do quarto, espalhou spray perfumado por toda a casa e se apressou em limpar a cozinha. Após cinco minutos de tudo terminado, ouviu a porta da garagem se abrir, significando que seus pais voltavam para casa ignora um dia de atividades fora. Sua mãe entrou em casa, depositando os sacos de compras do supermercado sobre o balcão da cozinha.

— Oi Rob, você pode ajudar seu pai a trazer o resto das compras? — pediu sua mãe bruscamente, ao começar a guardar as coisas. — Vamos comer tortilhas hoje à noite. Você pode convidar Trevor, se quiser — ela ofereceu, indo em direção ao termostato do fogão.

— Por que está tão quente aqui? — depois, torcendo o nariz, perguntou:

— E que cheiro é este?

Rob hesitou um segundo antes de responder. Sua mente disparou. Ele fizera de tudo para que as coisas parecessem e cheirassem normais pela casa toda.

— Hum... Abri as janelas um pouco hoje à tarde. Senti que estava abafado aqui, como se precisasse ventilar o ambiente. Provavelmente foi o que você sentiu também.

Sua mãe ajustou a temperatura e olhou ao redor.

— Você limpou?

— Sim, dei um jeito nas coisas — respondeu Rob nervosamente enquanto se dirigia à porta para ajudar o seu pai.

Depois que pegaram o resto das sacolas, seu pai e ele entraram em casa. Enquanto seu pai caminhava para dentro, ele se deteve. Seus músculos ficaram tensos. Colocando as sacolas no chão, atravessou a sala de visita, depois o corredor e parou em frente ao quarto do filho. Alguns minutos se passaram até que Rob ouviu um resmungo vindo de seu quarto. *Isso é ruim*, pensou ele desesperadamente. *Por que me permiti entrar nessa com Trevor?*

— Rob, venha cá — chamou seu pai.

Lentamente, Rob foi até o quarto. Sua mãe sentou-se na cama com uma expressão aflita no rosto, como se fosse desmaiar a qualquer momento. Seu pai estava de pé, de costas para a porta, mãos na cintura, olhando para fora da janela.

— Você tem algo a dizer? — perguntou seu pai devagar, sem se voltar para encará-lo.

— Não.... bem, eu... hum... — gaguejou Rob. Sua mente girava, tentando imaginar a coisa certa a dizer.

Enquanto tentava juntar as palavras, seu pai falou num tom profundo e baixo. Isso significava coisa muito séria.

— Antes que você diga alguma coisa para tornar a situação pior — ele prosseguiu — deixe-me encorajá-lo a contar a verdade. Portanto, lhe perguntarei de novo: Você tem algo a me contar?

Rob ficou completamente dominado pela vergonha. Lançou o olhar para o chão e, de repente, desabafou:

— Trevor e eu fumamos maconha hoje. Ele me assegurou que seria bom e que não era lá grande coisa. Garantiu que não era droga de verdade.

Sua mãe se sobressaltou.

— Não, Rob, não! — Como se tentasse acordar de um pesadelo, ela balançava a cabeça e esfregava o rosto com as mãos.

O seu pai manteve-se rígido.

A VERDADE DESPLUGADA:

As drogas levam você ao caminho errado — para longe de Deus e de tudo que é importante em sua vida. Escolha a vida.

— Eu tenho visto jovens em minha clínica que pensavam a mesma coisa sobre a maconha. — Ele olhou para o filho de um modo que nunca tinha feito. Rob percebeu dor, decepção e medo no rosto de seu pai e compreendeu que havia cometido um erro terrível.

— Essa foi a primeira vez que você experimentou droga? Sim, maconha é droga, independentemente do que Trevor diga. Pode causar problemas com a memória e o aprendizado, falta de percepção e dificuldade em resolver problemas. As pesquisas relacionam maconha a problemas respiratórios, infecções pulmonares e até câncer.

— Sim, juro que foi a primeira vez que experimentei. Foi só curiosidade — admitiu Rob com desânimo. E depois acrescentou:

— Pai, jamais farei isso de novo. Eu prometo.

— Quero acreditar em você, Rob — afirmou seu pai balançando a cabeça e continuou:

— Contudo, não podemos simplesmente ignorar isso. Eu o amo, porém nesta questão não confio mais em você.

Rob sentiu o peso da sua escolha. Algumas horas depois, ele e seus pais se sentaram em torno da mesa da sala de jantar e conversaram sobre o perigo das drogas. Eles também debateram sobre que castigo Rob receberia. Falaram sobre sua amizade com Trevor.

Seu pai planejou chamar os pais de Trevor no dia seguinte. Os pais de Rob não permitiriam que passasse mais tempo com Trevor. Na verdade, isso seria por certo tempo, antes que pudesse ficar em casa sozinho. Além disso, seus pais decidiram que ele precisava visitar o primo deles no centro de tratamento de drogas, a fim de que soubesse pessoalmente como os viciados em drogas começam com pequenos passos e acabam destruindo sua vida e toda a família.

No fim da conversa, Rob estava exausto física, mental e espiritualmente. Ele havia se infiltrado em um novo lugar — um lugar que daria qualquer coisa para nunca ter entrado. Havia perdido a preciosa confiança que seus pais depositavam nele e que era certa.

Deitado em sua cama, ele se perguntava quanto tempo levaria para que seu pai e sua mãe confiassem nele de novo, e o que Trevor diria quando os pais dele soubessem sobre as drogas. Provavelmente Trevor ficaria zangado, e até isso o deixou triste.

Sua amizade com Trevor também havia mudado. Seus pais agora viam Trevor com desconfiança. Embora não houvessem dito que ambos não poderiam ser mais amigos, Rob sabia que preferiam que ele fizesse outras amizades.

Rob também reconheceu que perdera muito naquele dia. Alguma coisa podia ganhar de volta, mas algo, percebera, estava perdido para sempre. *Realmente não era grande coisa,* concluiu ele, enquanto desesperadamente tentava adormecer.

LINK DA VERDADE:

Querido Jesus, ajude-me a ficar firme contra as drogas, para que não seja tentado a experimentá-las. Quero ficar no caminho certo em minha vida. Percebo que as drogas não fazem parte do seu plano. Dê-me forças para não apenas fazer a decisão correta, mas também viver com as conseqüências das minhas ações. Amém.

IMPLEMENTAÇÃO DA VERDADE:

Talvez você já tenha ouvido que para cada ação há uma reação igual e oposta. Na vida, isso é verdadeiro. Você faz escolhas todos os dias que resultam em boas ou más conseqüências. As drogas trazem más conseqüências — pura e simplesmente. Além do que fazem com sua saúde, podem acabar com todos os aspectos da sua vida. Não permita que ninguém convença você de que drogas não fazem mal.

E se está tomando a decisão de parar de usá-las, saiba que Deus sempre perdoa e ajuda. Você nunca irá longe demais para Ele deixar de amá-lo. Embora as circunstâncias não possam mudar imediatamente, Ele o ajudará a enfrentá-las.

O DESPERTAR

Bebida

DOWNLOAD:

E olhai por vós, para que não aconteça que o vosso coração se carregue de glutonaria, de embriaguez, e dos cuidados da vida, e venha sobre vós de improviso aquele dia. **Lucas 21.34**

O brilho da luz era doloroso para Keith. Seus olhos ardiam, por isso ele os fechara de novo. Com dor no corpo todo e sentindo-se pesado, só queria flutuar na névoa que ameaçava tragá-lo.

— Keith, pode me ouvir? Vamos, querido, abra os olhos.

Keith ouviu a voz frenética de sua mãe falando com ele. Não conseguia dizer exatamente onde ela estava, talvez em algum lugar próximo da luz. Entretanto, ouvir a voz dela impediu-o de ir em direção à névoa. Em vez disso, ele tentou abrir os olhos de novo.

— Keith, estamos aqui — proferiu sua mãe enquanto o garoto abria os olhos. Mãe e pai estavam um de cada lado do menino. Ao olhar ao redor, percebeu que estava deitado em uma cama, vestido com algum tipo de camisolão, tendo um tubo que saía do braço. Ele havia se machucado todo, principalmente no tórax.

Deslizando a sua mão até o peito, tentava remover o peso que o pressionava. Amavelmente, seu pai tomou a mão dele.

— Keith, você sofreu um acidente, no entanto, ficará bem. O cinto de segurança o salvou, mas deixou uma contusão feia. Os médicos avisaram que vai doer por um tempo.

— Keith, você se lembra do que aconteceu? — perguntou sua mãe.

— Não — respondeu o garoto vagarosamente. Ele tentava se recordar dos últimos fatos.

— Eu estava em uma festa na casa do Aaron.

— Você e Aaron sofreram um acidente de carro. Lembra-se de terem saído da casa do Aaron? — questionou sua mãe com lágrimas nos olhos.

— Não, a última coisa que me lembro é de estar na casa do Aaron. Tinha mais ou menos uns dez que se juntaram em torno da piscina — explicou Keith.

Os seus pais trocaram olhares, e então o seu pai deu um tapinha no braço do filho. — Está bem. Conversaremos sobre isso mais tarde. Por que você não descansa agora?

Keith concordou e fechou os olhos. Antes que percebesse, já estava ressonando.

Na manhã seguinte, Keith acordou sentindo-se um pouco melhor. Ele ainda tinha dores, mas pelo menos podia focar os olhos sem sentir muita ardência. Observou em volta e percebeu que estava em um quarto de hospital. Embora tivesse uma cama ao seu lado, ele era o único paciente no lugar.

Seu tórax ainda doía, porém já não havia mais uma sonda ligada ao seu braço. Ao erguer a roupa, viu uma faixa roxa que atravessava diagonalmente o peito. Em um dos seus braços e ombro tinha alguns curativos. Contusões menores e arranhões cobriam o corpo, como se tivesse sido lançado contra um muro de concreto a duzentos quilômetros por hora.

Enquanto continuava a examinar o corpo, a porta do quarto se abriu e os seus pais entraram. Ambos pareciam exaustos, como se não tivessem dormido a noite inteira. A mãe esteve chorando, e o pai parecia que estava à beira das lágrimas. Caminharam em direção à sua cama.

Seu pai limpou a garganta antes de perguntar: — E aí campeão, como está se sentindo nesta manhã?

— Como se tivessem me surrado com um taco de beisebol — respondeu Keith. — E vocês, estão bem? Sinto tê-los preocupado, mas vocês garantiram que, segundo o médico, eu ficaria bem.

Seus pais olharam um para o outro, e os olhos da mãe brilharam com as lágrimas. O pai olhou para ele solenemente e perguntou: — Keith, ontem à noite você disse que não se lembrava do que aconteceu. Lembra-se de alguma coisa agora?

— Estávamos na casa do Aaron em uma festa. Havia cerca de dez pessoas. Depois... — Keith tentou lembrar-se do ocorrido em seguida. — Aaron disse que me levaria para casa. Entramos em seu carro, e isso é tudo do que realmente me lembro.

— Keith, nós sabemos que você e Aaron tinham bebido — afirmou o pai calmamente, sem deixar de fitar os olhos no filho.

Com lentidão, Keith confirmou com a cabeça. Embora seus pais sempre o alertassem com relação à bebida, sabia que não adiantava nada mentir.

— Sim, um dos rapazes trouxe algumas cervejas para a festa. Não muitas. Não ficamos bêbados ou algo assim.

Seu pai cerrou os olhos e respirou fundo, enquanto a sua mãe reprimiu um grito. Confuso, Keith olhava de um para o outro.

— Não foi lá grande coisa. Eu juro, só tomei uma cerveja, e Aaron talvez, umas duas.

Olhando de volta para ele, seu pai falou com uma voz cansada:

— Keith, o acidente foi ruim. Aaron está na UTI. Os médicos não sabem se ele vai sobreviver.

O rapaz sentiu que o quarto começava a girar. Aaron era o seu melhor amigo, e eram inseparáveis desde o primeiro ano. Tinham freqüentado as mesmas escolas e ido aos acampamentos da igreja juntos. O pai de Keith havia lhes ensinado a estacionar. O pai de Aaron mostrou-lhes como dar nó em gravata. Suas vidas estavam conectadas.

— Posso vê-lo? — perguntou o rapaz.

— Eu não sei, mas vou perguntar — respondeu o pai, afastando-se devagar da cabeceira para sair do quarto.

A VERDADE DESPLUGADA:

Não permita que as pessoas — até mesmo os seus amigos — o convençam a beber. Fique firme em relação a isso.

Sua mãe tomou uma cadeira, sentou-se e inclinou a cabeça. Keith percebeu que orava silenciosamente, mas não conseguia pensar direito para juntar-se a ela.

Por que aconteceu isso?, perguntava-se desesperadamente. *Foram só duas cervejas.* Ele se pôs a repetir essas palavras várias vezes em sua cabeça. Ele e Aaron sabiam tudo sobre bebida, além de ter escutado conselhos sobre beber e dirigir. Ambos não tinham ficado bêbados. De fato, Keith *nunca* havia se embebedado, não como alguns dos outros rapazes da escola. Bebia somente uma cerveja ou duas quando ofereciam em uma festa.

Poucos minutos mais tarde, o seu pai retornou.

— Eles disseram que você pode visitar Aaron por alguns minutos hoje à tarde, se estiver se sentindo forte o bastante.

Mais tarde, naquele dia, o pai de Keith ajudou a colocá-lo na cadeira de rodas e dirigiram-se à UTI. Ao olhar através da janela de observação, Keith avistou seu amigo. Seus pais estavam sentados ao lado dele, enquanto máquinas de todos os tamanhos piscavam e emitiam bipes. Aaron permanecia deitado, quieto e pálido, com tubos que se estendiam dele até os aparelhos. O pai de Keith abriu a porta e o encaminhou à cabeceira do amigo. Os pais de Aaron afastaram-se para dar caminho à cadeira de rodas.

— Eu estarei do lado de fora — assegurou o seu pai e silenciosamente fechou a porta.

Keith permaneceu lá quieto, tentando entender o que tinha acontecido. Parecia tão irreal. Haviam bebido somente um pouquinho de álcool. Grande ou pequena quantidade — agora não importava. Fora o suficiente para ameaçar a vida de ambos.

Keith recostou a sua mão no braço de Aaron.

— Não desista, Aaron. Você é jovem demais para morrer, cara. Lute, está me ouvindo?

Em seguida, inclinou a cabeça e orou, enquanto os pais de Aaron continuavam a olhar.

— Deus, ajude o Aaron. Não permita que ele morra. Sinto muito por termos bebido. Jamais beberemos de novo, porém salve a vida do Aaron. Farei qualquer coisa, Senhor. — No final da oração, lágrimas brotavam dos seus olhos.

Dois dias depois. Keith retornou à UTI para ver Aaron novamente. Embora ainda em condição crítica, Aaron havia melhorado. Abriu os olhos umas poucas vezes e apertou a mão de sua mãe.

Apesar de Aaron ainda estar inconsciente, Keith sentou-se ao lado de sua cama, a fim de contar-lhe tudo sobre as últimas notícias e o placar dos jogos. Então, antes de sair, orou de novo, pedindo a Deus que continuasse a curar o amigo e prometendo que nunca mais beberia de novo.

Quando estava para levantar-se e sair, ouviu Aaron se mexer. Ao olhar para o amigo, percebeu que os seus olhos estavam abertos e o observavam. Tomado pelo alívio, Keith sorriu.

— E aí, estive esperando por você — ele sufocou as lágrimas. — Você realmente me assustou. Nunca orei tanto em minha vida! Prometi a Deus que nunca mais beberíamos de novo se Ele curasse você. E estou aqui para dizer que é uma promessa que a gente vai manter, porque se me assustar desse jeito de novo, eu o mato.

Aaron sorriu e gentilmente concordou com a cabeça.

Nas semanas seguintes, Aaron continuou a se recuperar. Na quarta semana, estava bem o suficiente para ir para casa, embora tivesse de fazer fisioterapia por um bom tempo. Keith fazia visitas diárias para ver o amigo, saindo com ele ou ajudando-o com os exercícios. Embora tivessem sido amigos chegados por anos, ambos ficaram ainda mais unidos. Estiveram diante da morte, recuperaram-se juntos e, desde então, tomaram uma posição contra a bebida.

E os dois amigos mantiveram a palavra em relação a não beber. Depois de tudo que passaram, não era difícil. Só pensar em beber já os fazia sentir-se mal.

LINK DA VERDADE:

Querido Jesus, não quero beber, mas existem muitas pessoas que conheço — mesmo amigos chegados — que bebem. Dá-me forças para dizer não, quando alguém me oferecer bebida. Amém.

IMPLEMENTAÇÃO DA VERDADE:

Pode ser que você tenha amigos chegados que acham divertido beber e ficar bêbado. Todavia, a bebida pode prejudicar o seu julgamento ou até matá-lo. Não se engane ao pensar: Isso nunca vai acontecer comigo. Uma grande quantidade de álcool no sangue já foi comprovadamente fatal para alguns adolescentes. E muitos são mortos a cada ano por dirigirem bêbados, ou pela atitude daqueles que se encontram sob a influência do álcool.

Não permita que os seus amigos o pressionem a cometer um erro que vai prejudicar a sua vida. Se cair em uma armadilha, chame um amigo ou um de seus pais. É difícil enfrentar os demais e dizer não, mas negue-se a seguir a maioria. Fique firme; isso simplesmente pode salvar a sua vida.

NÃO DESISTA

Diligência

DOWNLOAD:

A riqueza que é fácil de ganhar é fácil de perder; quanto mais difícil for para ganhar, mais você terá. **Provérbios 13.11 (NTLH)**

— Mark, quero conversar com você sobre seus planos de verão — pronunciou o pai enquanto se sentavam para jantar.

— Mas estamos só em março. Ainda não sei o que vou fazer.

— É por isso que desejo conversar com você agora. Você vai fazer dezoito anos em agosto, e tem mencionado que gostaria de ganhar um carro. Precisa arranjar um emprego e ganhar dinheiro para isso.

Mark parou de comer e encarou o pai.

— Eu pensei que ia ficar com a sua velha pick-up.

— Sua mãe e eu temos conversado sobre isso e decidimos que você precisa trabalhar para ter um carro. Sabemos que você sabe dirigir e tirará a carteira de motorista, no entanto, nos sentiríamos melhor se você comprasse o carro com o seu próprio dinheiro ao invés de ganhá-lo de nós — explicou seu pai.

Mark ficou chocado e irritado com o fato de os seus pais terem resolvido que ele não podia ficar com o velho F100 do pai. O rapaz já havia planejado pintá-lo e instalar um novo equipamento de som. Decepcionado, empurrava o resto do jantar em torno do prato.

— Mas eu nunca vou conseguir comprar uma caminhonete — resmungou ele.

— É por isso que eu queria conversar com você agora. Um dos rapazes com quem trabalho tem um filho que é monitor em um acampamento perto daqui. Há duas sessões de verão — uma em junho outra em julho. O que acha de ficar no acampamento com as crianças? O pagamento não é muito, porém, considerando que você não teria de gastar com transporte para ir e voltar do trabalho, ou ser tentado a gastar o dinheiro com seus amigos, no fim terá uma boa quantia economizada.

— Isso não parece muito divertido — alegou Mark.

— Não acho que passar tempo com criancinhas por um verão pareça tão ruim — seu pai o encorajou. — Você as levará para nadar, andar de canoa e outras coisas que gostam de fazer. É claro que não é obrigado a fazer isso. Entretanto, se não fizer, terá de pensar em outra coisa para ganhar dinheiro. Seja lá o que decidir, precisará ganhar dinheiro suficiente para pagar o carro e a gasolina. Sua mãe e eu pagaremos o seguro.

Mark não havia nem pensado no que faria nas férias de verão. É claro que não tinha considerado trabalhar todo o verão — especialmente com crianças. Sabia que isso era o que seu pai dizia ser "um momento decisivo em sua vida" — trabalhar para ganhar dinheiro a fim de comprar o seu primeiro carro. Mark sabia que não precisava ter um carro, no entanto, fazer ser levado pelos pais à escola todos os dias não era a melhor coisa do mundo, e andar no ônibus da escola estava definitivamente fora de questão. Por isso, não tinha escolha — era preciso encontrar um emprego.

Durante os dias seguintes, Mark tentou pensar em outra alternativa além de ser monitor de acampamento para crianças, porém não conseguia imaginar nada que fosse estável o suficiente e não exigisse carona para o trabalho todos os dias. Os horários dos seus pais eram bastante cheios. Eles não poderiam levá-lo de lá para cá a toda hora. Embora Mark estivesse aborrecido por não poder ver seus amigos durante o verão, decidira se candidatar ao posto de monitoria do acampamento.

No final de abril, após uma entrevista por telefone e uma entrevista pessoal com o diretor do acampamento, fora contratado. No mês seguinte, Mark juntou todas as coisas de que precisava — repelente de insetos, filtro solar, roupa de banho, mochila, remédio antialérgico... No dia primeiro de junho seus pais o deixaram no acampamento. Sua mãe deu um forte abraço e o fez prometer ligar ou escrever, pelo menos uma vez por semana. Seu pai lhe deu um tapinha nas costas, afirmando:

— Você vai se divertir muito, Mark. Eu estou muito orgulhoso por sua atitude. E se não desistir, terá a recompensa de possuir seu primeiro carro. Confie em mim. Valerá a pena.

Mark tentou sorrir, mas sentia-se indiferente. *Talvez nem precise de carro*, ponderou ele.

Unindo-se aos outros monitores para serem orientados, aprendeu a localização da sua cabana e inteirou-se de seus deveres. Descobrira que repartiria uma cabana com outro monitor. Juntos seriam responsáveis por vinte meninos em cada sessão.

Enquanto o diretor do acampamento conversava sobre as regras e horários, Mark olhava ao redor. Havia perto de cinqüenta monitores na sala — moços e moças que tinham mais ou menos a sua idade. Reconheceu alguns rostos da escola, no entanto, na verdade, não conhecia ninguém. *No que fui me meter?*, perguntava-se ele. *Senhor, dê-me força.*

Depois que a reunião terminou, um rapaz alto, que parecia alguns anos mais velho do que Mark, aproximou-se.

— Oi, meu nome é Seth. Estamos no mesmo beliche. Esta é a sua primeira vez?

— Sim, esta é a minha primeira vez.

— Não se preocupe, este é o meu terceiro ano. Confie em mim, vamos arrasar — ele sorriu alegremente e continuou:

— Todo verão mal posso esperar para voltar para essa garotada.

A VERDADE DESPLUGADA:

Tome a decisão de ser diligente — para nunca desistir — em relação a sua família, relacionamentos e emprego. A recompensa valerá o esforço.

Embora inicialmente cético, Mark rapidamente descobriu o quão divertido e desafiante seu papel como monitor de acampamento podia ser. Agradecidamente, fez com que Seth mostrasse-lhe as cordas. Seth, que estava estudando para ser guia de aventura ao ar livre para crianças, levava seu papel muito a sério. Constantemente encorajava Mark a não desistir. Se uma criança tivesse um dia difícil lidar com a saudade de casa, Seth dizia a Mark para não desistir até que fizessem o que era necessário.

No final dos dois meses, Mark ficou surpreso ao descobrir que estava triste por ter de partir. Havia sido um dos melhores verões da sua vida. Não fora fácil, mas finalmente aprendera a não desistir. No fim, havia ganhado muito. Mark agora tinha um bom dinheiro para dar de entrada na compra do carro, e aprendera que realmente era divertido trabalhar com crianças.

Dois meses depois, Mark fez dezoito anos, tirou a carteira de motorista e comprou seu primeiro carro — uma camionete. Ele teve de admitir que pagar por ela com seu próprio dinheiro, fazia se sentir bem. Não tinha dinheiro suficiente para melhorar os alto-falantes ou fazer uma nova pintura, porém Mark não se importava. Estava orgulhoso do carro porque era dele.

Era o veículo perfeito para ajudá-lo no novo emprego depois da escola, no centro comunitário local. Mark era o encarregado de transportar as canoas quando levavam as crianças para o lago. Conciliar a escola, a igreja, os amigos e o trabalho não era tarefa fácil, mas descobriu que, se perseverasse, podia ser feliz. E a recompensa fez o esforço valer a pena.

LINK DA VERDADE:

Querido Jesus, tenho algo que preciso fazer, entretanto, agora parece difícil demais. Sei que devo ir em frente e continuar firme trabalhando para atingir o meu objetivo, porém seria mais fácil desistir. Ajude-me a ser diligente. Quero me tornar alguém que seja diligente nas grandes e nas pequenas coisas, mas reconheço que preciso da sua ajuda. Amém.

IMPLEMENTAÇÃO DA VERDADE:

Você já pensou em desistir ou largar alguma coisa importante? Uma tarefa? A escola? Um curso? Uma amizade? Ou você tem um alvo que parece tão distante que não consegue imaginar, como comprar um carro ou ir para a faculdade? Sempre há a oportunidade de desistir quando as coisas ficam árduas ou quando os objetivos parecem difíceis demais de serem alcançados. Contudo, não faça isso. Tome a decisão de não desistir — seja diligente. Quando finalmente tiver realizado o seu intento, descobrirá o quanto é recompensador, pois você trabalhou duro para conquistá-lo.

O SEGREDO DO IRMÃO

Alegria

DOWNLOAD:

Porque esse dia é consagrado ao nosso Senhor; portanto, não vos entristeçais, porque a alegria do Senhor é a vossa força. **Neemias 8.10**

André dirigiu-se à porta da frente de sua casa e ouviu risada. Na sala de visitas, encontrou seu irmão gêmeo, Alex, rindo histericamente de um filme de Stevie Martin. Jogando sua mochila no chão da sala, assaltou a cozinha para preparar um lanche pós-escola.

Ele não conseguia entender como o seu irmão podia ser tão calmo e desinteressado. Há quatro semanas, seus pais disseram-lhes que estavam se divorciando. Desde que o pai havia se mudado, ambos raramente o viam, e sua mãe quase nunca estava em casa. Parecia estar sempre no trabalho, no escritório de advocacia, ou na igreja. André e Alex não tinham certeza de onde iam morar, uma vez que sua mãe havia lhes dito que teriam de vender a casa. Nem mesmo sabiam se encontrariam outra casa no bairro da escola.

André sentia-se como se tudo estivesse desmoronando. Estava zangado e magoado, por isso, se envolvera com as atividades escolares a fim de evitar voltar para casa. Ele sempre gostara de trabalhar no anuário da escola, mas agora gastava duas vezes mais tempo nessa atividade do que qualquer outro aluno. As pessoas até começaram a fazer piada por ele ser o "homem" do anuário.

Seu irmão, por outro lado, agia como se nada estivesse errado. De fato, ele se comportava de maneira impassível como nunca. Alex sempre adorou comédias e, na verdade, seu sonho era ser o próximo grande comediante de palco. Assistia a filmes engraçados, comediantes de palco e até se inscreveu nas aulas de teatro da escola para que pudesse aprender o "timing dos comediantes", como ele dizia. André e ele estavam em extremos opostos do espectro emocional. Ele não conseguia esconder a raiva e a mágoa, e o outro parecia não ligar.

— Oi, André, ainda tem biscoito? Estou com fome — perguntou ele, caminhando para a cozinha e abrindo a despensa.

— Como você pode fazer isso? — vociferou ele.

— Fazer o quê? Comer biscoito? — perguntou o menino com um sorriso malicioso enquanto continuava a vasculhar a despensa.

— Não, agir como se nada estivesse errado. Papai e mamãe estão pedindo o divórcio. Talvez tenhamos de nos mudar e trocar de escola, e para você é como se tudo fosse normal. Na verdade, você parece feliz. Não entendo isso. Você não *se importa*? — a voz de André tinha se elevado como um bramido por estar aborrecido e cansado de ser o único que parecia ter a noção do que estava ocorrendo.

Alex se deteve e fechou a despensa. Virou-se a fim de olhar para o irmão, e mostrou um rosto cheio de dor. Era a primeira vez que André via seu irmão demonstrar alguma coisa próxima da tristeza acerca da situação.

— Veja bem, sei o que está acontecendo. Confie em mim. *Sei* o que está acontecendo. Só estou tentando lidar com isso diferente de você. Estou tentando achar alguma alegria na minha vida neste momento, em vez de me atolar em raiva e autopiedade — ponderou Alex.

— Primeiro, não estou me atolando. Segundo, não vejo alegria em nada disso — disse ele, encarando-o ferozmente.

Encolhendo os ombros, Alex saiu da cozinha e foi para a sala, voltando a assistir ao filme.

André encolerizou-se. *Ele se acha tão controlado, tentando se comportar como se nada estivesse errado.* Passando com fúria pela sala de visitas, apanhou a mochila e correu para o quarto. Inseguro a respeito do que fazer, sentou-se sobre a cama, agarrou o travesseiro e deu alguns socos nele. *Por que eles não podiam resolver melhor as coisas? Por que tinham de desistir e separar a família? Por que Alex tinha de ser o único a lidar tão bem com a situação, enquanto eu me sinto perdido e sozinho?*

Absorto em seus pensamentos, quase não ouviu as batidas na porta.

A VERDADE DESPLUGADA:

Você pode ter a alegria do Senhor na vida que leva, em todos os momentos de cada dia.

— André? — chamou Alex. — Posso entrar?

Ele não respondeu.

— Vamos, André. Deixe-me entrar — chamou novamente.

Sem dizer uma palavra, André se arrastou para fora da cama, dirigiu-se à porta e abriu. Então se virou e voltou para cama. De maneira exausta, observou Alex entrar e sentar-se.

Ao olhar para ele, o irmão disse:

— Desculpe, André. Não tinha a intenção de acusá-lo de se atolar. Apenas.... só posso dizer que estamos passando por uma fase difícil, e sei que não consigo ajudá-lo de verdade. Sinto como se mal desse para manter a cabeça fora d'água, entende? É por isso que oro todos os dias pedindo a força e a alegria de Deus. É por esse motivo que assisto a filmes divertidos e tento rir o máximo possível.

— Parece que para você nada tem importância — declarou André tranqüilamente. — Sinto como se eu fosse o único a se importar com o que está acontecendo.

— Não, você não é o único. Eu me importo. Só tento me lembrar de que não tenho capacidade para mudar o que está acontecendo e que não posso fazer com que papai e mamãe fiquem juntos. Tudo o que tenho de fazer é orar e tentar ficar feliz, independente de tudo o mais que esteja acontecendo.

— Como é que você ora? Tenho tentado orar, no entanto, não sei o que pedir a não ser que Deus faça mamãe e papai mudarem de idéia — questionou André com seriedade.

— Eu oro por isso e, como diz a Bíblia, oro para que "a alegria do Senhor seja a minha força". Parece simples, porém é tudo o que sei fazer. E sabe da maior? Está funcionando. Sinto-me mais forte e mais feliz — afirmou Alex.

Por mais alguns minutos os dois irmãos continuaram a conversar acerca de tudo. Pela primeira vez, desde que seus pais anunciaram o divórcio, André tinha alguém com quem dialogar e uma idéia do que fazer. Depois de conversar, oraram. Alex orou primeiro e depois André se juntou a ele. Juntos oraram para que seus pais resolvessem seus problemas. Oraram um pelo outro, pedindo a Deus que tivessem alegria, paz e força, independente do que estava acontecendo.

Depois que terminaram, voltaram à sala de visitas, pediram uma pizza e começaram a ver um novo filme — um filme divertido do Jackie Chan. Embora André sempre gostasse das pancadarias de Jackie Chan, desta vez adorou de modo especial, só porque não tinha o peso do mundo sobre os ombros. Descobrira o segredo do seu irmão e estava contente por ele querer compartilhá-lo.

LINK DA VERDADE:

Querido Jesus, desejo que sua alegria seja a minha força todos os dias — não apenas quando as coisas estão bem, mas até quando não estão. Quero ter a sua alegria comigo em qualquer lugar que eu vá, e ao enfrentar qualquer situação. Mostre-me como ter alegria em minha vida. Amém.

IMPLEMENTAÇÃO DA VERDADE:

Você já pensou que algumas pessoas já nasceram felizes enquanto outras não? Embora isso seja mais fácil para algumas pessoas, não quer dizer que você não possa ser alegre todos os dias. Você pode. Orando e lendo a Bíblia, conseguirá ter a alegria de Deus também. Quando se voltar para o Senhor, Ele o ajudará a ver a vida da perspectiva que Ele tem no momento em que as coisas dão errado. E se alegrará com você quando derem certo. O melhor de tudo é que você perceberá que não tem de lidar com tudo sozinho, porque o Senhor está bem ao seu lado.

VERDADE DESPLUGADA

O PLANO B

Orgulho

DOWNLOAD:

A soberba precede a ruína, e a altivez do espírito precede a queda.
Provérbios 16.18

Este ano será ótimo!, pensou Ryan enquanto ia de carro para a escola com a sua irmã Lacy. Era o primeiro dia do terceirão. Ele tivera um verão divertido trabalhando no ramo de construção com o seu pai e conseguira ganhar dinheiro suficiente para comprar um bom carro. Tinha uma namorada bonita e estava tudo acertado para ser o zagueiro de partida do time de futebol americano. Seria um ano perfeito.

— Você parece convencido — disse Lacy, olhando para ele com desconfiança. — O que foi?

— Nada — respondeu ele. — Eu só estava pensando em como será ótimo este ano.

— Oh! O complexo de maioral começou de novo — replicou Lacy, levantando uma sobrancelha. — Apenas se lembre de que conheço você desde os seus dez anos, vomitando até as tripas quando se intoxicava com comida estragada. Por isso, não queira dar uma de maioral e abaixe a crista.

Ryan deu-lhe um olhar atravessado antes de parar o carro no estacionamento da escola. Só depois é que viu Theresa, sua namorada, esperando por ele. Já se conheciam há anos, mas no ano anterior, a amizade deles havia passado para namoro. A maior parte daquele ano, ela havia namorado Corey Harris. Entretanto, quando terminaram, Ryan estava a espera. Ele pediu para sair no início do verão, e os dois têm estado juntos desde então.

Todos diziam que pareciam ótimos juntos. Theresa poderia ter sido modelo de roupas de banho, e muitas pessoas achavam que Ryan se parecia com Tom Cruise. Para Ryan, formavam o casal perfeito. Gostava de ter uma namorada linda, que o fazia sentir-se bem. Adequava-se à sua imagem, e para ele a imagem era tudo.

— Oi, Ryan, estava esperando você — falou Theresa animadamente enquanto Ryan se aproximava. — Achei que seria bem legal para nós fazermos a entrada juntos. Quero dizer, sei que todo mundo sabe que estamos ficando, porém, se caminharmos juntos, vamos causar maior impressão. Que bom que você pôs essa camisa. Ela deixa bem à mostra o seu bronzeado e combina com a minha roupa também. Não seria bom se destoássemos, mas às vezes a gente não consegue combinar as roupas exatamente.

Lacy, que caminhava entre os dois, virou-se para Ryan.

— Oh! Mano — falou ela entre dentes.

Durante todo o dia, Ryan estava cada vez mais convencido de que esse ano seria o melhor. Muitas pessoas elogiavam o seu bronzeado e seu carro. Além disso, suas aulas seriam uma moleza, uma vez que já tinha terminado suas matérias mais difíceis no ano anterior. Tudo o que Ryan havia deixado foi o futebol americano.

Depois de se trocar e se dirigir para a quadra, o jovem percebeu alguns rostos novos. O treinador conversava com um rapaz em particular, um novo jogador chamado Chett Wilson, que tinha se transferido de uma escola do outro lado da cidade onde jogava na posição de zagueiro do time de lá. Ryan e Chett estavam agora competindo pela mesma posição, todavia o primeiro não estava nervoso. Até onde sabia, era o preferido para a posição.

— Ryan, pode vir aqui? — pediu o treinador Yang. — Já conhece Chett Wilson?

Ryan e Chett apertaram as mãos, e o treinador Yang continuou:

— Já que vocês dois jogam na posição de zagueiro, quero dar uma olhada em ambos. Estou contente porque vamos ter dois zagueiros fortes, no entanto, como vocês sabem, só um vai ser o titular. Vocês dois são importantes para o time, por isso não fiquem nervosos. Vai haver bastante hora de jogo para ambos. Depois de se aquecerem, cada um vai participar de algumas partidas.

Conforme a semana prosseguia, o treinador Yang continuava a observar os dois jogadores. Ryan percebera que Chett era mais competitivo do que ele, a princípio, havia pensado. Até onde Ryan podia saber, estavam quase empatados. Ambos sabiam passar bem, porém Chett tinha uma compleição melhor nos passes longos. Por outro lado, Ryan era ligeiro com os pés e podia correr melhor com a bola.

No final do treino da sexta-feira, o treinador Yang pendurou a escalação do time no mural, mostrando quem tinha ficado em qual posição. Ryan procurou o seu nome na lista dos zagueiros. Primeiro titular: Chett Wilson. Segundo titular: Ryan Chapman. Ryan não conseguia acreditar no que via. *Como o treinador pôde me colocar como segundo titular? Sou melhor do que isso!* Furioso, saiu com raiva do vestiário.

Ao chegar em casa, Lacy estava assistindo a TV.

— E então... Como foi? — perguntou a irmã, sabendo que era o dia quando as posições seriam definidas.

— Não me pergunte — respondeu Ryan.

— Você não conseguiu? — Lacy gritou e logo em seguida retomou sua postura. — Não deixe que isso desaponte você. É apenas futebol. Não é o fim do mundo.

Ryan não disse nada, mas foi para o quarto se aprontar para o encontro com Theresa. A noite passava e o seu humor estragado persistia. Por fim, perdendo a paciência, Theresa disse:

— Ryan, quer fazer o favor de melhorar? Você nem ao menos percebeu minha roupa nova ou perguntou a respeito da minha primeira semana na escola. Está tão obcecado com essa coisa de futebol. Talvez você devesse me levar para casa.

Durante toda a semana seguinte, as coisas não melhoraram, pois Ryan continuava emburrado. Pensou em desistir do time, pensou numa maneira de sabotar Chett e até de se vingar do treinador Yang. Não dava para acreditar que isso estivesse acontecendo com ele. Durante o treino, Ryan passava a maior parte do tempo treinando nas linhas laterais, enquanto o treinador trabalhava com Chett nos jogos. Sentia-se como um cidadão de segunda-classe na escola. Seus amigos não falavam nada diretamente, no entanto, Ryan sabia que comentavam sobre ter sido passado para trás.

Até Theresa parecia evitá-lo. Ela não esperava mais por ele antes da escola ou se sentava com ele no almoço. Por fim, na sexta-feira, justamente antes da primeira partida do campeonato, ela chegou decidida.

— Hum... Ryan, acho que isso não vai dar certo. Acho que a gente devia conhecer outras pessoas.

— Por quê? — perguntou sem acreditar.

— Eu só quero estar livre para ver outras pessoas no meu terceirão — respondeu a jovem inocentemente.

Ryan não engoliu essa. Ele e Theresa já haviam planejado o último ano na escola. Ele seria o zagueiro e ela, a rainha da festa de regresso ao lar. Ambos até tinham conversado sobre o baile de formatura e a viagem. Tinham se alegrado com o fato de serem o casal mais popular durante o ano do terceirão.

Depois da partida daquela noite, Ryan avistou Theresa conversando com Chett Max e entendeu tudo. Theresa queria fazer parte de um casal popular e Ryan não estava mais na concorrência. Ser segundo titular de zagueiro não servia para ela.

Ao voltar para casa depois do jogo, Ryan encontrou Lacy na sala de visitas cercada por pedaços de papel, tesoura, cola e pincéis.

— Você jogou muito bem esta noite — encorajou Lacy.

— Certo. Só joguei metade de um quarto de tempo. Chett é o verdadeiro vencedor.

— Mas você também esteve bem. Por falar nisso, não tinha um encontro com a Miss Supermodelo hoje à noite?

— Não, ela me largou também — admitiu Ryan, derrotado. O seu ano perfeito não seria do jeito que ele tinha planejado.

A VERDADE DESPLUGADA:

Um coração humilde se concentra nas coisas realmente importantes e leva-o a dar passos certos.

— Que alívio! — zombou Lacy. — Agora você pode viver aqui na terra com todos nós, meros mortais. Teve um tremendo banho de realidade, e isso me alegra. Você se achava isso e um pouco mais. Estou feliz por ter meu irmão de volta.

Ao dirigir-se para a cozinha, Ryan encontrou uma faixa pendurada sobre a porta que dizia: "Você sempre será o primeiro titular para mim". O rapaz sorriu e agarrou a irmã por um cacho de cabelo. Lacy deu um grito ao tentar fugir.

— Diga a verdade — comentou Lacy quando o irmão a soltou, e ela tomou fôlego. — Você não está aliviado por não ter alguém preocupado se as suas roupas combinam com as dela para sair? Agora pode jogar futebol por diversão. Não há pressão. Tudo ficou para o Chett.

Ryan refletiu no que Lacy havia dito. Embora não estivesse completamente convencido de que as coisas estavam melhores, teve de admitir que Lacy tinha razão. Talvez o seu ano não seria um desastre, afinal de contas.

LINK DA VERDADE:

Querido Jesus, quero permanecer humilde pouco importando se as coisas dão certo ou errado em minha vida. Não quero ser enganado por coisas superficiais e não quero basear meu valor próprio ou o dos outros em questões temporárias como aparência, coisas ou posição. Ajude-me a manter o orgulho fora de minha vida. Amém.

IMPLEMENTAÇÃO DA VERDADE:

O orgulho é uma coisa perigosa. Ele eleva e derruba-o sem nenhum aviso. Num minuto pensa que conseguiu tudo, e no instante seguinte está arrasado, perguntando-se o que aconteceu. Pior do que isso, o orgulho aliena-o das pessoas que se importam com você. E se você cair, com certeza estará só.

Jamais pense que o seu valor, ou o valor dos outros, vem das realizações, aparência ou coisas superficiais. Deus valoriza cada um de nós pelo que somos para Ele, e quer que valorizemos uns aos outros pela mesma razão. Quando reconhecermos que o nosso valor vem dEle, o orgulho não tomará mais conta de nós.

O PONTO CEGO

Rejeição

DOWNLOAD:

Mas vós sois a geração eleita, o sacerdócio real, a nação santa, o povo adquirido, para que anuncieis as virtudes daquele que vos chamou das trevas para a sua maravilhosa luz; vós que, em outro tempo, não éreis povo, mas, agora, sois povo de Deus; que não tínheis alcançado misericórdia, mas, agora, alcançastes misericórdia. **1 Pedro 2.9,10**

Acho que vou ficar doente, pensou Patrick. Por dias, ele vinha planejando pedir Kristin para sair, e hoje era o dia.

Apesar de conhecê-la desde a sexta série, não haviam sido apresentados um ao outro até poucas semanas atrás, quando se encontraram na festa de um amigo. Ela era a editora do jornal da escola, e ele adorava fotografia. Conversaram por um bom tempo. Desde então, a observava pelos corredores e tornara-se ansioso pela nova edição do jornal da escola, para que pudesse ler a coluna que ela escrevia. Patrick já havia lido o jornal antes, mas nunca percebera a coluna dela ou como era espirituosa ao escrever.

— Oi, Kristin — cumprimentou ele, tentando desesperadamente parecer confiante e tranqüilo. — Adorei a sua coluna desta semana.

— Oh, oi, Patrick, obrigado — retrucou, enchendo a mochila de livros e pastas entre as aulas.

— Estive pensando, você gostaria de jogar mini-golfe no Centro Familiar Snagle, sexta-feira à noite? — ele a convidou com o coração disparado.

Encerrando o que fazia, ela pareceu avaliar o pedido:

— Oh, bem, claro, seria divertido — respondeu ela.

— Ótimo. Pego você às 19 horas — confirmou ele. Por dentro estava pulando e gritando: *Yes!*

Indo correndo para o seu amigo Nate, Patrick compartilhou as boas notícias. Nate e sua namorada, Trista, formavam um casal há um tempo, e Patrick confiava nos conselhos dele para tornar um encontro um sucesso. Nate o parabenizou e lhe deu algumas idéias para a noite: roupa, dinheiro, conversa e outras dicas.

Patrick desejava causar boa impressão, portanto, ouviu cuidadosamente tudo o que Nate dizia. Em sua mente, estava a um passo de ter Kristin como sua namorada. Ele realmente gostava dela. Era bonita, inteligente e engraçada.

Na noite de sexta-feira, Patrick tinha a noite inteira planejada. Chegou a casa dela com uma rosa na mão. Primeiramente, ambos apreciaram um jantar informal em um restaurante. Quando a conversa começou a espaçar, era hora de saírem. Foram ao Centro Familiar Snagle para jogar mini-golfe. Não querendo que a noite terminasse rápido demais, Patrick pagou por duas jogadas de mini-golfe.

Mais tarde naquela noite, depois de deixar Kristin em casa, Patrick foi de carro para a sua, sentindo-se muito satisfeito pela noite. Tudo havia sido exatamente como planejara. *Fico imaginando o que fazer para continuar me encontrando com ela*, refletia enquanto dirigia para casa. De fato, passou o resto do final de semana pensando a respeito.

Na segunda-feira, Patrick viu Kristin no corredor entre as salas de aula e acenou. Ele achou que a garota o tinha visto, mas em vez de retribuir o aceno, ela se virou para ir ao banheiro das meninas. Durante o almoço, ele a viu de novo, porém, bem antes de chegar a sua mesa, ela saiu e se dirigiu para a direção oposta. Depois da escola, ele passou pela sala de armários de Kristin, que ali estava com uma de suas amigas.

— Oi, Kristin — cumprimentou ele.

— Olá, Patrick — respondeu ela calmamente.

— Eu me diverti muito na sexta — comentou o garoto. — Talvez possamos fazer o mesmo novamente.

Kristin fechou o armário, hesitou por um minuto e, em seguida, declarou:

— Patrick, você é um cara legal, mas não gosto de você dessa maneira. Eu nunca quis. Não somos certos um para o outro.

Pasmado, Patrick observou-a afastar-se. Pela sua vida, ele não conseguia imaginar uma razão por que ela tinha desistido. *O que saiu errado?*, perguntava-se ele.

A VERDADE DESPLUGADA:

Não desanime ao ser rejeitado. Antes, concentre-se no quanto Deus o ama. Ele realmente se importa com você.

Pelo resto do dia, o rapaz sentia-se entorpecido. Não dava para acreditar que Kristin não quisesse sair com ele de novo, uma vez que o encontro fora tão bom. Havia planejado tudo, até o último centavo.

Mais tarde correu para Nate, que o saudou:

— Oi! Como vai indo? Como foi o seu encontro com Kristin?

Patrick encolheu os ombros.

— Eu pensei que a gente tinha se divertido, porém, quando a convidei para sair outra vez, ela não aceitou. Afirmou que não gostava de mim daquele jeito. Senti-me como um idiota. Pensei que começaríamos a namorar, mas acho que isso não vai acontecer.

Nate escutou e depois deu um tapinha nas costas do amigo.

— Patrick, você é um ótimo cara. É inteligente e divertido e, de acordo com Trista, "não é nada feio". Não deixe que um encontro, ou uma rejeição, faça você duvidar de si mesmo. Irá encontrar a garota certa, e o resto já era.

— Você acha? — perguntou Patrick.

— Tenho certeza. Trista diz que você seria um bom partido, e, na verdade, já combinou com duas de suas amigas. Se quiser, vou ver o que ela tem em mente e, talvez, possamos sair em dupla — sugeriu ele enquanto desciam o corredor.

— Não sei se vou querer me machucar de novo, sabia? — declarou Patrick.

Nate deteve-se.

— Você não pode permitir que uma rejeição impeça-o de namorar. Então Kristin não sente da mesma maneira que você. Como saber se a próxima garota que pedir para sair não cairá aos seus pés? Não deixe que a rejeição de Kristin o impossibilite de fazer amigos e conhecer outras meninas.

Por cerca de dois dias, Patrick pensou no que Nate lhe dissera e resolveu que o amigo estava certo — não podia deixar que uma decepção o derrotasse. Na quinta-feira, telefonou para Nate.

— Oi, Nate, a oferta ainda está de pé para Trista marcar um encontro duplo? — perguntou ele.

Nate retrucou com alegria:

— Na verdade, estava indo ligar para você para falar sobre isso. Haverá uma festa sábado à noite, e Trista tem uma amiga que gostaria de conhecê-lo. O nome dela é Nina, é realmente uma garota simpática, bonita e divertida também. Acho que irá gostar dela. Que tal pegarmos vocês às 18:30 horas de sábado?

— Parece bom — ponderou Patrick enquanto sua mãe o chamava para jantar. *Talvez eu deva dar uma chance a esse encontro*, refletiu ele ao desligar. *Nina... hum... é um bonito nome...*

LINK DA VERDADE:

Querido Jesus, estou lutando com a rejeição. Alguém por quem me interesso não se importa comigo. Ajude-me a superar esse sentimento e a não deixar que afete a maneira como eu vejo a mim mesmo. E ajude-me a não manter as pessoas à distância, por sentir medo de me machucar de novo. Quero sentir-me livre para amar as pessoas, sem viver com medo do que pensarão a meu respeito ou de como possam me tratar. Amém.

IMPLEMENTAÇÃO DA VERDADE:

A rejeição é difícil de enfrentar. Pode fazer com que você duvide de si mesmo e questione a sua importância. Quer seja uma pessoa de quem goste e não retribua sua afeição, quer seja uma pessoa que recusou sua amizade, a rejeição machuca. Se não tiver cuidado, começará a acreditar que não merece a afeição dessa pessoa ou sua amizade.

Não endureça o seu coração impedindo que os outros se aproximem de você. Você é valioso exatamente assim como é, e conhecerá pessoas que apreciarão as qualidades que Deus colocou em você. Todo mundo enfrenta a rejeição de alguma maneira, independente do quão inteligente, atraente, popular ou talentoso seja. Por isso, lembre-se de que, se for rejeitado por alguém, é apenas a opinião de uma pessoa. E a opinião de outra pessoa não define você.

NÃO É O FIM DO MUNDO

Paz

DOWNLOAD:

Deixo-lhes a paz; a minha paz lhes dou. Não a dou como o mundo a dá. Não se perturbe o seu coração, nem tenham medo. **João 14.27 (NVI)**

José ficou surpreso com o resultado da prova de Química e não conseguia acreditar na nota: Três. Ele havia estudado durante dias. Sua garganta ficou apertada, e a sala girou. *O que acontecerá com a minha média final?*, imaginou horrorizado.

Em todos os seus anos, nunca havia tirado quatro, nem mesmo num trabalho de pesquisa ou num concurso de perguntas e respostas. Era um aluno que tirava acima de nove e meio e poderia se tornar orador oficial no seu último ano. Ao contrário de muitos dos seus colegas, levava as tarefas escolares a sério. Nunca relaxava. Quase sempre passava dos limites. No ano passado, sua professora de Álgebra insistira para que ele "relaxasse e aproveitasse a escola", mas ele não conseguia.

Seus pais alimentavam altas esperanças com relação a ele e freqüentemente declaravam: "José, você pode fazer tudo que quiser na vida, mas tem de estudar. Não irá a lugar algum sem uma boa educação".

Eles não eram ricos, porém o que conseguiam generosamente davam para ele. Seus pais fariam qualquer coisa para garantir que o filho recebesse a melhor educação possível, e José sabia disso. Sentia-se responsável em dar tudo de si na escola — nada menos que 110%.

É por isso que passava as tardes e finais de semana em cima de livros e anotações. Qualquer atividade extracurricular que participava tinha de ser útil para colocar no formulário de requerimento para a faculdade. Na verdade, passava a maior parte do tempo livre pensando em meios de melhorar o seu nível. Enquanto muitos alunos satisfaziam as exigências mínimas das aulas da escola e depois participavam de aulas ridículas, José jamais sonharia com isso. Preenchia seu horário com as aulas mais difíceis, e depois se esforçava para tirar dez sempre.

— Você está bem, José? — perguntou sua amiga Joana. — Está pálido.

Sem dizer nada, José mostrou à Joana sua prova.

— Oh não! — suspirou a amiga. — José, que pena. O que aconteceu?

Incapaz de falar, José encolheu os ombros.

— Por que você não conversa com o professor Fernando depois da aula? Talvez haja algum engano — sugeriu Joana.

Após a aula, José se aproximou da mesa do professor Fernando sentindo-se derrotado.

— Professor Fernando, posso falar com o senhor um instante? — perguntou o mais controlado possível.

— José, imaginei que você quisesse falar comigo. Suponho que esteja chocado com a nota que recebeu. Sinceramente, fiquei um pouco surpreso. Você entendeu a matéria?

José lutava para engolir a raiva.

— Eu achava que sim. Não sei o que aconteceu. — Em seguida, colocando a prova sobre a mesa, continuou:

— Pode me dizer o que fiz de errado?

— Olhe aqui — disse ele virando a prova para cima —, você respondeu a primeira parte da questão dissertativa em números quânticos e em alguns da segunda parte, mas não respondeu a terceira parte. A questão valia seis.

José olhou para a prova novamente. O professor Fernando tinha razão. Ele deixou passar metade da pergunta. Deve ter ficado com tanta pressa que passou sem perceber.

— O que isso significa para a minha média geral? — perguntou o rapaz.

— Vamos ver. Você tem um dez para somar com esta prova. Agora sua média é sete. Com a próxima prova, poderá subir para oito — respondeu ele.

José não estava acreditando. Nunca havia tirado nada menos que nove e meio.

— Então não tem jeito de eu tirar um dez agora? — questionou José horrorizado.

O professor Fernando olhou para ele compassivamente.

— Não acho que seja provável. Você pode chegar perto, mas duvido.

Arrasado, José saiu correndo da sala do professor Fernando e foi para fora tomar um pouco de ar. *Como vou dizer aos meus pais? Como deixei isto acontecer?*, lamentava-se por dentro. Incapaz de se controlar, José perdeu a aula seguinte. Ligou para que sua mãe viesse buscá-lo. Quando chegou, José embarcou no carro rapidamente. Embora não tivesse contado à mãe o que acontecera, havia transparecido que alguma coisa estava errada.

— José, o que está aborrecendo você? Eu nunca o vi desse jeito antes — falou sua mãe preocupada. O menino lutou para responder, mas não conseguia encontrar as palavras. Ele tirou a prova da mochila e entregou à mãe. Depois de olhar para a prova por um momento, sua mãe respondeu:

— Oh, José — e puxando-o para dar um abraço, sua mãe o consolou.

— Está tudo bem. Tudo vai dar certo. Você conversou com o seu professor? Eu preciso falar com ele?

Conseguindo respirar melhor, José respondeu:

— Não, já falei com ele. Eu errei na questão dissertativa. — Depois, ele confessou a pior parte.

— Mãe, ele disse que agora só posso tirar oito na prova.

— Está bem, querido. Conversaremos com seu pai e vamos resolver tudo. E, se você tirar oito, então será bom. Não é o fim do mundo - o consolou sua mãe.

Mais tarde, naquela noite, depois que o pai de José voltou para casa, ele e sua mãe conversaram num tom silencioso na cozinha, enquanto preparavam o jantar. Em seguida, à mesa do jantar, seu pai perguntou:

— Como você está? Sua mãe me contou o que aconteceu com você e suas notas.

José assentiu com a cabeça, empurrando seu prato para frente.

— Sinto muito, pai. Eu me enganei na questão dissertativa. Sabia a resposta, porém me esqueci de terminá-la.

— Lamento por isso. É uma vergonha porque sei que você poderia ter conseguido tirar dez. Todavia, na verdade, estou mais preocupado com você. Parece que está sendo muito exigente consigo mesmo, e temo estarmos lhe cobrando demais — disse ele, procurando pelo apoio da esposa. José não sabia o que responder. Sempre havia sido um aluno que tirava dez. Era o que sempre fora e sabia que era o que seus pais esperavam dele. Para ele, não havia opção exceto tirar dez.

A VERDADE DESPLUGADA:

A paz de Deus pode ajudá-lo a passar por qualquer situação.

— Sua mãe e eu temos conversado sobre isso e *queremos* que você dê o melhor de si. Isso nos deixa orgulhosos. Mas se o seu melhor for oito, está tudo bem. Não queremos que seja perfeito todas as vezes. Todos nós cometemos erros. Você só tem de aprender com eles e seguir em frente.

José ouviu seu pai, porém não compreendeu exatamente o que ele estava explicando. Era um aluno que tirava dez e não oito. Não dava para mudar de marcha e começar a acreditar que oito era bom.

Depois do jantar, seus pais e ele se reuniram na sala de visitas para o culto doméstico. Em seus momentos devocionais, leram a Bíblia e depois oraram. Isso era algo que costumavam fazer todas as noites. Chegou o momento de José ler em Mateus 26. Neste capítulo, Jesus alertou Pedro de que este o negaria três vezes antes que o galo cantasse. Pedro disse que isso jamais aconteceria, entretanto, no final do capítulo ele negou.

Quando José terminou de ler, achava ter compreendido a aflição de Pedro, pois este tinha cometido um erro do qual se arrependera profundamente.

Embora José não quisesse comparar o seu erro na prova de Química com a negação de Pedro, entendeu o quanto era difícil conviver com os erros. Mas depois lembrou-se de que Pedro havia continuado a ser usado por Deus; o seu erro não foi o fim da história para Pedro.

Ao orar naquela noite, José pediu que Deus lhe desse sabedoria para lidar com o que havia acontecido e o ajudasse a não cometer os mesmos erros de novo. Todavia também pediu paz, para que pudesse continuar o resto do seu período de graduação, sabendo que não conseguiria resgatar a nota. Ele tinha de conviver com o erro. Na verdade, poderia custar-lhe a posição de orador oficial, algo no qual havia trabalhado anos para conseguir, mas sabia que com a ajuda de Deus estaria bem.

Com o passar dos dias, José compreendeu o que seu pai quis dizer no jantar daquela noite. Às vezes, tudo o que podia fazer era dar o melhor de si. Quanto às demais coisas, ele tinha de deixar passar.

LINK DA VERDADE:

Querido Jesus, mostre-me como obter a sua paz em minha vida. Quando encaro situações difíceis — mesmo aquelas que são minha culpa —, oro para que o Senhor me ajude a lidar com elas em paz. Não quero viver perturbado acerca das coisas que não posso mudar, mas preciso da sua ajuda para realizar isso. Amém.

IMPLEMENTAÇÃO DA VERDADE:

Todos nós enfrentamos desafios — decepções, enganos ou expectativas que são difíceis de conviver. Mesmo quando esses desafios chegam, você ainda pode ter paz em sua vida. Não deve se deixar preocupar, enraivecer-se ou permitir que o medo o domine. Em vez disso, ore para que a paz esteja com você e lembre-se de que Jesus não tem deixado que lide com as coisas sozinho. Jesus está aí para ajudá-lo a encontrar as respostas e a paz, até quando você enfrentar situações difíceis.

A QUEDA DE UM JOVEM

Perdão

DOWNLOAD:

Suportando-vos uns aos outros e perdoando-vos uns aos outros, se algum tiver queixa contra outro; assim com Cristo vos perdoou, assim fazei vós também. **Colossenses 3.13**

Toby viu James sentado com um grupo de amigos num canto afastado do refeitório. Nervoso, seguiu o seu caminho, imaginando o que James lhe diria. Até a semana passada, ambos haviam sido os melhores amigos. Todo o mundo os conhecia como a dupla ousada, sempre inventando coisas loucas e divertidas para fazer. Geralmente, conspiravam travessuras inofensivas. Isto é, até a semana passada.

Na quarta-feira passada, alguém havia barbarizado o escritório do treinador Dawson, saqueando e espalhando papel higiênico por tudo à vista. Nada havia sido destruído, porém tudo — cadeiras, mesas, quadros — tinha sido virado de cabeça para baixo, com confetes e serpentinas cobrindo tudo.

É lógico que o treinador Dawson era um alvo fácil. Pergunte a qualquer aluno, e ele dirá que o treinador estava em um mau humor perpétuo. No dia do incidente, havia forçado uma turma a ficar correndo em volta da quadra durante todo o período da aula, só porque um aluno lhe questionara. No final da corrida, estavam perto da exaustão.

Infelizmente, fora Toby o aluno que lhe havia questionado. Sua intenção era fazer do seu comentário uma piada, porém o treinador estava com um péssimo mau humor. Depois da aula, Toby tinha ouvido comentários zangados de vários alunos da sala. Havia ficado na lista de críticas de todos.

Então, quando a jaqueta da escola de James foi encontrada no escritório do treinador Dawson, ninguém duvidou de que ele cometera a ofensa. Todo o mundo sabia que Toby e James eram unidos. Eles presumiram que James tencionava defender Toby, desforrando-se de Dawson.

James negara o incidente, mas infelizmente isso apenas fazia com que ele parecesse mais culpado. O treinador Dawson e o diretor chamaram seus pais, suspenderam-no por dois dias, matricularam-no na detenção por duas semanas e forçaram seus pais a pagarem pelo prejuízo. De acordo com o treinador e o diretor, ele escapou fácil. Esse tipo de violação podia ter se tornado um caso de polícia, e uma marca permanente em sua ficha, afetando sua admissão na faculdade.

Assim que Toby se aproximou da mesa do almoço, o grupo se afastou para dar lugar a ele. Estavam no meio da discussão sobre o incidente e o castigo de James.

— Uau! Não dá para acreditar que vocês podem voltar à escola. Lembram-se de Jack Werner no ano passado? Ele destruiu a sala de artes e foi chutado para fora da escola para sempre — declarou um amigo.

— Eles quiseram me expulsar, no entanto, meu pai conversou com eles prometendo pagar por todos os prejuízos e me obrigar a fazer serviço comunitário aqui na escola pelo resto do ano — respondeu James desanimado.

— Então, quem você acha que fez isso? Todos sabem que o treinador repreende todo o mundo fazendo correr durante a aula toda — afirmou outro aluno.

James olhou ao redor do grupo e seu olhar caiu em Toby:

— Eu não posso dizer quem fez isso. Tudo que sei é que não fui eu.

Toby permaneceu calado durante a discussão. Depois, incapaz de agüentar a análise apurada de James, pediu licença da mesa.

Depois da escola, Toby se preparou e, quando James se aproximou dele no estacionamento, perguntou:

— Por que você não disse alguma coisa? Sei que foi você quem espalhou papel higiênico no escritório do treinador, porque você tinha pegado emprestado minha jaqueta antes naquele dia.

Toby se mexia desconfortavelmente.

— Sinto muito, James. Não tinha a intenção de encrencá-lo e deixei sua jaqueta por acidente. Estava zangado, porque o treinador Dawson nos fez correr durante a aula inteira. Todos estão furiosos comigo, e eu só queria me desforrar nele.

James o encarou furioso.

— Então por que você não se apresentou quando soube que me acusaram?

— Pode imaginar o que os meus pais teriam feito comigo se tivessem descoberto? Eles ficariam pirados. Provavelmente me mandariam para um colégio interno ou algo assim — explicou Toby.

— É, acho que teriam dito a mesma coisa que os meus disseram. Você percebe que estou em detenção pelo resto do ano letivo? E que neste verão meus pais vão me fazer trabalhar de graça para eles só para pagar o prejuízo? Então basicamente, esse impulso seu me custou os seis meses restantes de minha vida. — Não esperando por uma resposta, James bateu em retirada.

Toby sentiu-se mal. Tudo ficou fora de controle, e ele só queria pregar uma peça no treinador. Não queria que James assumisse o erro, mas o que podia fazer? Se confessasse agora, todos o odiariam por não ter dito nada antes. E ele tinha certeza de que os seus pais o condenariam para sempre.

Durante várias semanas depois do acidente, Toby não viu muito James. Ou ele estava em aula ou na detenção ou catando lixo ao redor da escola. Depois que a detenção de James terminou, Toby começou a ficar após as aulas para ajudar o amigo a catar o lixo. Tentava desesperadamente fazer as pazes com ele. Embora James o agradecesse pela ajuda, não se falavam muito enquanto trabalhavam.

A VERDADE DESPLUGADA:

O perdão o liberta do que ou de quem lhe causou a dor.

Durante o almoço, sua galera de amigos continuava a se sentar juntos. Toby queria que tudo voltasse a ser da maneira como era antes do vandalismo. Levou um bom tempo, mas devagar as coisas pareciam voltar ao normal.

Um dia, depois da aula, Toby aproximou-se de James:

— Oi, James, quer comer um hambúrguer? Estou faminto.

James parecia longe.

— Gostaria de ir, mas não posso. Até mais!

Quando James começou a se afastar, Toby o deteve:

— Você vai guardar isso contra mim para sempre? Eu já pedi desculpas.

James olhou direto para ele.

— Olha, eu o perdôo, todavia ainda estou sob detenção. Não posso sair depois da escola.

— Poderá sair neste verão? Se quiser nadar e ficar na piscina da minha casa — insistiu Toby.

Antes que ele fosse embora, James prometeu pedir a seu pai. Estava combinado que trabalharia todo o verão, mas talvez seu pai começasse a afrouxar as restrições.

Toby, ao observar James indo embora, sentiu-se mal. Seu amigo o perdoara, mesmo sem merecer, e isso fez com que se sentisse envergonhado quando se dirigia para casa. James era um amigo melhor para Toby do que Toby era para James. E isso era algo que ele estava decidido a mudar.

Preciso conversar com meu pai quando chegar em casa, refletiu Toby. Então fez planos para confessar e encarar o castigo por destruir o escritório do treinador Dawson, algo que havia feito há meses.

LINK DA VERDADE:

Querido Jesus, ajude-me a perdoar aqueles que me magoaram ou ofenderam. Sei que preciso perdoá-los, mas preciso da sua ajuda. Necessito saber como perdoá-los de uma vez por todas e como lidar comigo mesmo e com relação a eles no futuro. Amém!

IMPLEMENTAÇÃO DA VERDADE:

Você já passou por uma época difícil por ter de perdoar alguém que magoou ou feriu você? Talvez pense: *Mas você não sabe o que fizeram. Não merecem ser perdoados.* E você tem razão. Não merecem perdão, mas o perdão não é para eles: é para você. Ao perdoar, você se liberta da dor e da amargura. Torna-se livre para cuidar dos outros, em vez de viver com medo de ser magoado de novo ou ficar cativo desse sentimento doentio, que o atinge toda vez que vê o ofensor. Pode levar tempo, mas tome a decisão de perdoar e continue firme nessa decisão toda vez que as memórias dolorosas vierem à sua mente. Com o tempo, as memórias não serão mais dolorosas. Nessa hora, saberá que está liberto. E que sensação maravilhosa é essa!

O LUGAR CERTO NA HORA CERTA

VERDADE DESPLUGADA

Tomada de Decisão

DOWNLOAD:

Escolhi o caminho da verdade; propus-me seguir os teus juízos.
Salmos 119.30

Greg observou sua mãe entrar às pressas pela porta da lanchonete. Movimentando-se a passos longos e rápidos, ela dirigiu-se ao seu filho e impacientemente tirou o sobretudo.

— Oi. Desculpe-me, estou atrasada. Fiquei detida na loja — justificou-se ela.

Jogando o longo casaco de lã sobre uma cadeira que estava perto, sentou-se pesadamente e pegou o seu *cappuccino*.

— Obrigada por fazer o pedido por mim. Estava esperando ansiosamente por este dia — comentou a mãe enquanto sorvia a bebida quente e cremosa.

Greg sorriu ligeiramente. *Ela parece cansada*, pensou consigo mesmo. *Hoje em dia, parecia estar sempre cansada.*

— Está bem, vamos ver — disse ela. — Onde estão aqueles formulários de requerimento?

Greg cuidadosamente tirou da mochila uma pasta de papelão, que continha um punhado de formulários de requerimentos de faculdade. *Como posso dizer-lhe?*, perguntava-se ele enquanto lhe entregava a pasta. *Ela vai pirar.*

Desde o acidente, a mãe de Greg havia lutado para ajudá-lo a completar o último ano. Quatro meses atrás, o pai dele havia sido morto em um acidente quando voltava para casa depois do trabalho. Greg observava a mãe tentando manter-se positiva, mas pôde perceber o quanto era frágil por dentro. Sabia que a morte do seu pai havia acabado com ela, embora tentasse manter uma máscara de valente. Com a formatura do ensino médio prestes a realizar-se, o início na faculdade logo em seguida, a companhia de seguros do seu pai, o pagamento das contas do funeral e a continuação da administração da loja de flores, ele sabia que a mãe dava o melhor de si para manter a cabeça fora d'água.

— Então, Dartmouth é a sua primeira escolha? Ou você está pensando em Cornell? — ela indagava despreocupadamente, enquanto pegava a pilha de formulários.

Greg a encarou.

— O que você vai fazer, mãe?

— O que quer dizer com o que eu vou fazer? Vou ajudá-lo a preencher estes formulários.

— Não, quero dizer o que fará quando eu for para a faculdade? — interrogou ele com cuidado.

— Bem, querido, vou sentir a sua falta. Entretanto, você virá para casa nos feriados. E o seu irmão ainda ficará em casa comigo. Tenho um trabalho, e as pessoas ainda vão precisar de flores — ela gracejou. Em seguida, acrescentou em voz baixa:

— Superarei. Sentirei saudades de você, mas superarei.

Seguiu-se um longo silêncio, até que a mãe completou:

— Apenas me prometa que virá para casa no Natal. Não vá perder a cabeça por alguma garota e esquecer-se de mim. Imagino que ainda tenho alguns anos antes de ter de renunciar minha posição de principal mulher em sua vida.

Greg deu um sorriso à sua mãe e mudou de atenção para os formulários que ela segurava.

— Está bem, vamos começar — afirmou ele.

— Vejamos. Que tal começar com os garotões? Temos Darmouth, Cornell e Brown. A respeito de qual deles devemos falar primeiro?

— Na verdade, mãe, acho que quero começar com Baylor — sugeriu ele, dando brecha ao assunto sobre o qual queria conversar com ela há semanas.

Sua mãe se deteve, livrou-se dos papéis e olhou para ele surpresa. Baylor era a universidade que ela e seu finado marido haviam cursado.

— Baylor? — perguntou com descrença.

— Sim, é uma ótima faculdade, e tem um bom programa pré-médico — assegurou ele.

Hesitando, sua mãe disse:

— Sei que é uma ótima faculdade. Eu a freqüentei. Mas, querido, você nunca tinha mencionado Baylor antes. Não quero que tome uma decisão como essa por causa da morte de seu pai. Quero que faça o que for melhor para você. O seu pai desejaria que fizesse o que fosse melhor para você também.

— Mãe, olhe. Venho pensando muito sobre isso ultimamente. Na verdade, isso passou pela minha cabeça antes de papai morrer. E agora... bem, agora quero me candidatar lá. O treinador Turner é bacharel também, e eu perguntei a ele sobre isso. Até visitei o *campus* na semana passada depois da escola e conversei com o monitor. Tenho certeza de que fui aceito. Talvez até consiga uma bolsa de estudos. De qualquer forma, é por onde quero começar.

A VERDADE DESPLUGADA:

Permita que Deus o ajude a tomar grandes e pequenas decisões em sua vida. Ele sabe o que é melhor para você.

Greg sabia que os seus pais haviam sonhado e planejado que ele freqüentasse a melhor escola da Costa Leste. Eles o enviaram à melhor escola preparatória para a faculdade na área, contrataram professores particulares, inscreveram-no em programas de atletismo e de música, e lutaram para economizar dinheiro suficiente para bancar tudo isso.

Juntaram-se aos grupos comunitários, construíram casas para os pobres, o levaram à América Central com a igreja deles para dar assistência médica aos necessitados — qualquer coisa a fim de dar ao filho uma educação completa. Greg sabia que a idéia de ir a uma escola local — mesmo sendo boa — seria difícil para sua mãe aceitar, porém com o falecimento de seu pai, não poderia ir embora, pelo menos não ainda.

— Mas, Greg, planejamos isso. Você queria ir a uma escola da Costa Leste desde a quinta série. E agora? Você quer jogar tudo fora? Todos os planos, todo o trabalho duro? — a voz de sua mãe estava tensa.

— Mãe... — Greg hesitou e depois olhou direto nos olhos dela. — Eu ainda não estou pronto para partir.

— Você não pode ficar com medo de sair de casa.

— Não estou com medo. Estou preocupado com você.

— O que você quer dizer com "preocupado"? Querido, estou bem.

Greg moveu-se para frente na cadeira e inclinou-se em direção à mãe.

— Mãe, vejo você. Observo-a trabalhar duro para que as coisas fiquem bem. Às vezes, ouço-a chorar à noite. Sei que sente falta do papai e que se sente sozinha. *Não posso* ir embora.

— Gregory, preste atenção. Sei que as coisas têm sido difíceis, mas vou ficar bem.

— Você tem razão, mãe. Vai ficar bem. Mas neste momento precisa de mim. Assim como Justin. Não posso deixá-lo sem um pai e um irmão mais velho no mesmo ano. E preciso de vocês também.

— Mas esta é a *sua* hora. Você não deve ficar preocupado com nada mais. Não fique para trás por causa de nós.

— Eu não penso nisso como ficar para trás. Ainda quero estudar medicina. Só não penso em virar o mundo de cabeça para baixo para fazer isso. Não posso fazer concessões neste momento. Não agora.

Sua mãe olhava para ele, enquanto lágrimas rolavam pelo seu rosto.

Greg recostou-se, olhando ao redor:

— Mãe, não chore. Isso não é ruim.

— Oh, não estou triste — afirmou ela, estendendo as mãos para aquecê-las em torno do *cappuccino* quente sobre a mesa.

— Estou orgulhosa de você. E o seu pai estaria orgulhoso também. — Recompondo-se, continuou:

— Tudo bem, se você tem certeza que Baylor é a sua escolha, vamos trabalhar nisso primeiro.

Durante as duas horas seguintes, trabalharam em cima dos formulários, discutindo cada redação de entrada em detalhes. Enquanto examinavam os formulários e debatiam sobre a instrução para "Descreva um evento que moldou sua vida", Greg refletiu acerca dos últimos meses. Antes, teria falado sobre sua viagem à América Central ou quando venceu um importante jogo de basquetebol. Porém, com a morte do seu pai, isso mudou. Maravilhava-se de como a vida podia mudar tão rapidamente. E embora definitivamente não tivesse escolhido isso, sabia que apreciaria mais a vida agora, pois tinha um entendimento mais profundo de como ela podia terminar rápido.

Greg esperava que seu pai tivesse compreendido a decisão de ficar perto de casa e da faculdade. Contudo, do pensar no quanto seu pai lhe havia ensinado sobre a importância da família e, sobretudo, ao se lembrar do quanto seu pai tinha feito por ele, tinha certeza de que compreenderia. De alguma maneira, Greg sabia que estava assumindo o papel de líder em sua família, ajudando a mãe e tornando-se acessível para o seu irmãozinho, e estava confiante de que era o que precisava fazer. A vida podia mudar rapidamente, e não queria perder um momento sequer, estando no lugar errado.

LINK DA VERDADE:

Querido Jesus, quando tomar decisões em minha vida, acerca de como viverei, para onde irei e o que farei, oro para que minhas decisões sejam satisfatórias para o Senhor. Ajude-me a seguir o caminho que o Senhor tem planejado para mim. Amém.

IMPLEMENTAÇÃO DA VERDADE:

Ao longo de toda a sua vida, terá de tomar muitas decisões. Resolverá que educação receber, qual profissão seguir, com quem se casar, onde morar e outras mais. Ao tomar cada decisão — pequena ou grande — olhe sempre para Deus a fim de que Ele lhe mostre a melhor escolha. Através das Escrituras e da oração, pode saber a vontade de Deus para a sua vida. Pode até descobrir que algo que você já decidiu — uma escolha que não parece muito sábia — precisa de reconsideração, porque Ele tem algo muito melhor para você.

O MELHOR PRESENTE DE ANIVERSÁRIO

Amor

DOWNLOAD:

Dediquem-se uns aos outros com amor fraternal. Prefiram dar honra aos outros mais do que a si próprios. **Romanos 12.10**

— Eu sei o que quero no meu aniversário — Sharon proclamou. Seus cachos dourados balançavam em torno da sua cabeça de oito anos.

— Sabe? O quê? — perguntou Stephen enquanto saía pela porta da frente para ir à escola.

Stephen deixava Sharon na escola toda manhã no seu caminho para o ensino médio. Sharon admitira que gostava muito que seu irmão mais velho a levasse à escola no lugar de seus pais. Stephen não se importava. Amava Sharon e a achava divertida. E Stephen era de longe o seu maior fã.

— Eu quero ir ao show do Tween Jam no mês que vem — anunciou Sharon. — Será o meu primeiro show.

Cautelosamente Stephen interrogou:

— Quem gostaria de levar com você?

— Você, claro! Será tão legal para nós dois irmos juntos — afirmou a menina enfaticamente. — Será o máximo. Podemos ir com camisetas que combinem e tudo!

Stephen sorriu nervosamente. Não havia jeito de ele não ser visto num show dos Tween Jam. A turnê dessa banda é arranjada para divertir crianças abaixo de doze anos, e Stephen tinha certeza de que morreria de vergonha se alguém descobrisse que tinha ido a esse show. *Oh não, isso não vai acontecer!*

— Sharon, talvez possa pensar em outra coisa para o seu aniversário — ele se aventurou.

Sharon o encarou com os seus profundos olhos castanhos.

— Por quê? — questionou inocentemente.

— Acho que você podia imaginar alguma coisa mais legal — sugeriu o irmão.

Depois de alguns minutos de silêncio, Sharon virou-se para Stephen:

— Pensei sobre isso e quero ir ao show do Tween Jam com você — assegurou ela, confirmando com a cabeça animadamente. — Você disse que eu podia escolher *qualquer coisa* abaixo de trinta reais e *é* isso. Acho que vamos nos divertir como nunca.

A VERDADE DESPLUGADA:

Mostre o amor de Jesus colocando os outros em primeiro lugar.

Incapaz de pensar numa resposta rápida, Stephen em silêncio. *Oh, Senhor, me ponha fora disso! Vai ser tão constrangedor*, pensou ele.

Ao longo de todo o mês seguinte, Stephen tentou sutilmente convencer a irmã a escolher outro presente de aniversário. Ele *não* queria ser o único adolescente num show rodeado por quinhentas crianças, histéricas aspirantes a princesas pop. Contudo, pouco importando o que Stephen propusesse, não conseguia dissuadi-la. Sharon declarara repetidas vezes que seriam a dupla mais legal no show. Não havia jeito de escapar disso.

Na noite do grande evento, Sharon tagarelava sem parar. Orgulhosamente havia dito às suas amigas e às amigas de suas amigas e aos pais das amigas, e aos irmãos e irmãs das amigas, que ia ao evento do Tween Jam com o seu irmão mais velho. Stephen rosnava por dentro: *Agora todo o mundo já sabe.*

Dentro da arena do ginásio, encontraram seus assentos: Quarta fila bem no centro. Para tornar as coisas piores, as três fileiras à frente deles e os assentos ao redor estavam, em sua maioria, vazios. Por isso, não havia como se esconder na multidão. Stephen sentia-se como se estivesse em um mostruário.

Enquanto cada banda tocava, Sharon pulava, batia palmas, gritava e dançava até ficar suando em bicas.

— Vamos, Stephen — insistia ela, tentando puxar o irmão para dançar. — Fique em pé comigo.

Stephen nervosamente olhou ao redor. Sem contar os pais, ele era a única pessoa acima de doze anos no lugar.

— Não, Sharon, eu só quero assistir.

Durante o intervalo, Stephen não teve escolha senão levar a irmã para pegar autógrafos e refrigerante. Enquanto esperavam na fila, Sharon ficou calada.

— Ei — Stephen deu uma cutucada — você não está se divertindo?

— Estou. Só queria que você estivesse com mais vontade de se divertir. Achei que seria o máximo vir com você, mas só fica sentado lá. Não está dançando ou batendo palmas e tudo o mais.

— Desculpe-me. É que isso é coisa para criancinhas.

— Mas é o *meu* presente de aniversário — declarou Sharon, olhando para o irmão.

Stephen sentiu-se envergonhado. De repente começou a ver o evento através dos olhos da irmã e percebeu como era importante para sua maior fã ir ao primeiro show com o irmão mais velho. Ele havia se incomodado mais com o que os outros poderiam pensar dele do que proporcionar à garotinha um ótimo aniversário. Sharon merecia mais do que aquilo.

— Sinto muito, Sharon. Devia ter entrado mais no espírito da coisa. E digo mais. Por que não tornamos ainda melhor o resto da noite?

— Como? — perguntou a menina.

Olhando ao redor, Stephen bolou um plano.

— Para começar, fique aqui e consiga os autógrafos desta banda. Vou por lá para conseguir os autógrafos daquela banda. Dessa maneira, conseguiremos os dois antes da segunda metade do show começar.

— Você está mesmo a fim? — perguntou Sharon de olhos arregalados.

— Claro. Só não converse com ninguém. Assim que terminar, fique ao lado da mesa de autógrafos até eu chegar. E não se mova, está bem?

Sharon concordou, e Stephen saiu, entrando no espírito da coisa.

Pelo resto da noite, cantaram, gritaram, bateram palmas e pularam para cima e para baixo até ficarem exaustos. Stephen teve de admitir que tinha se divertido desde que se esquecera de perceber todos os demais e se concentrara só em sua irmãzinha.

No caminho de volta para casa, Sharon e Stephen cantaram todas as canções de novo a plenos pulmões. Sharon saltava no assento e proclamava que a noite havia sido "a melhor de toda a sua vida".

Stephen deu risada.

— Eu sei, e acho que é bem isso para mim também.

Ele sabia que jamais se esqueceria do dia que levara a irmã caçula ao seu primeiro show e que acabou sendo o melhor presente de aniversário que a irmã ganhara.

LINK DA VERDADE:

Querido Jesus, quero me tornar alguém que mostre amor e bondade para com os outros. Mostre-me uma maneira de colocar as outras pessoas em primeiro lugar todos os dias, para que eu possa ser um exemplo do seu amor. Amém.

IMPLEMENTAÇÃO DA VERDADE:

É difícil colocar os outros continuamente em primeiro lugar. Pode ser muito incômodo, no entanto, ao fazê-lo, você transmite muito. Demonstra às pessoas como elas são valiosas, e se torna um embaixador do amor de Deus para elas... e para o mundo.

VIDA DUPLA

Igreja

DOWNLOAD:

Não deixemos de reunir-nos como igreja, segundo o costume de alguns, mas procuremos encorajar-nos uns aos outros, ainda mais quando vocês vêem que se aproxima o Dia. **Hebreus 10.25 (NVI)**

— Oi, Duncan, é David. Quer que eu vá pegá-lo para irmos ao culto da mocidade?

— Não, obrigado. Vou faltar hoje à noite para ir à casa do Joel — explicou Duncan.

Silêncio.

— Com esta é a terceira semana que você falta, e também não foi à igreja nos dois últimos domingos. O que há? — perguntou David com preocupação.

— Nada. Só não estou com vontade de ir ao culto da mocidade ou à igreja — respondeu Duncan francamente. Ele sempre fora à igreja, mas desde que sua mãe começou a trabalhar aos domingos, Duncan não sentia mais vontade de ir.

— Parece que você está começando um mau hábito — contrapôs David. — Sabe que Joel não é o tipo de pessoa de quem deva seguir conselhos. Não me leve a mal. Ele é um cara legal, mas vai muito a festas e anda com um grupo meio bagunceiro.

Duncan esperava isso de David, pois ele já estava na igreja toda vez que as portas eram abertas. Embora ambos costumassem ir juntos a todo lugar, Duncan decidiu que a igreja não era assim tão necessária como pensara antes.

— Você está julgando Joel sem nem mesmo conhecê-lo. E não estamos indo a festas. Vamos só ficar em casa e assistir a um filme.

Novamente silêncio.

— Diga o que quiser. Ainda estou orando por você — arrematou David simplesmente.

Exatamente como pensei, David transformaria isso em alguma palestra superespiritual. Por que ele não me deixa em paz, refletia Duncan ao se despedir e desligar o telefone. Os dois eram amigos, mas David precisava se ligar. *Só porque não vou à igreja não quer dizer que não sou mais crente.*

Mais tarde, naquela noite, na casa de Joel, Duncan e ele discutiram sobre a decisão de não irem mais ao culto da mocidade.

— Nem me pagando irei à igreja — disse Joel com aversão. — Que bando de fingidos sagrados!

— Não é tão ruim assim — disse Duncan, sentindo-se um pouco desconfortável quando Joel rira dele. Não estava acostumado a ter de defender sua crença ou a de seus amigos da igreja.

No dia seguinte, David ligou para Duncan outra vez.

— Oi, sentimos sua falta ontem à noite. Muitas pessoas perguntaram por você. Sabia que haverá uma reunião fechada na próxima sexta-feira à noite durante as comemorações do início da primavera? Teremos a igreja inteira só para nós, com pizza, jogos e filmes a noite toda. Você devia ir.

Duncan prometeu pensar a respeito. Não tinha certeza do que queria fazer, pois estava se divertindo tanto saindo com Joel e seus outros novos amigos que não podia imaginar em desistir de sair numa sexta-feira à noite para ir a uma festa na igreja.

Quando mais tarde mencionou o convite a Joel, este riu de novo.

— Você está pensando mesmo em ir? — inquiriu ele chocado. E continuou:

— Duncan, se você ainda não percebeu, vou dizer bem claramente: igreja é lugar para perdedores. Não quer passar a noite toda em uma igreja brega, não é?

Duncan sentiu-se dividido. De um lado, tinha David tentando convencê-lo a voltar para a igreja, e do outro lado, havia Joel dizendo que o amigo seria um perdedor se aceitasse o convite. Duncan não *odiava* a igreja, porém só queria dar um tempo, pois freqüentara igrejas quase todas as semanas de sua vida, porque sua mãe o forçava a ir. Agora, tinha de decidir. Ele sabia que, de acordo com tudo que aprendera, Joel não era o melhor amigo para se ter. Entretanto, por outro lado, ele era legal.

Na quinta-feira, no início da semana da primavera, Duncan e Joel estavam com alguns novos amigos, quando Joel estendeu um copo para Duncan.

— Tome isto, experimente.

— O que é isto? — perguntou Duncan incomodado.

— Só um pouco de estimulante. Confie em mim, vai gostar — disse Joel dando uma risada.

Duncan tomou um gole. O líquido queimou a sua garganta e continuou a queimar ao descer. Ele tossiu e engasgou, sentindo-se como se estivesse pegando fogo por dentro. Todo o mundo riu.

— Eu disse que você ia gostar — confirmou Joel. — Peguei no armário dos meus pais. Continue, tome mais.

Embora Duncan não quisesse beber álcool, não queria que os outros pensassem que não podia. Por isso, durante toda a noite bebeu com todos os demais. E não voltou para casa até as primeiras horas da manhã. Uma vez que sua mãe tinha de estar no trabalho cedo na manhã seguinte, Duncan tropeçou no caminho pela casa escura e silenciosa e acabou desmaiando sobre a cama.

Assim que se deitou, sentiu o quarto girar e uma náusea tomou conta dele. Sabia que ia vomitar. Correndo para o banheiro, chegou a tempo. Mas a cada jorrada, o garoto sentia outra vindo. Onda após onda o atingia como uma parede de cimento.

Pela manhã, acordou no chão do banheiro ao som de alguém batendo na porta da frente. Ainda sentindo-se horrível, abriu a porta. Lá estava David com um olhar estranho.

— O que aconteceu com você? — questionou preocupado.

— Nada, acabei de acordar.

Bem nessa hora, ele sentiu outra onda de náusea e correu, seguido por David, até ao banheiro.

— Você está bem? — interrogou o amigo. E depois, como o *flash* de uma lâmpada que se acende, ele afirmou:

— Você esteve bebendo.

Levantando-se para tomar ar, Duncan disse zangado:

— E daí? Não dê um de superior comigo.

David moveu a cabeça para os lados.

— Claro, percebe-se que sou eu quem está com problemas.

Em seguida, indo ao armário do banheiro, pegou uma toalha e embebeu-a com água fria.

— Ponha isto na testa.

Sentando-se à beira da banheira, David observava o amigo.

— Cara, o que vai fazer? Você é muito mais esperto do que isso.

— Pretendia me divertir com os meus amigos.

A VERDADE DESPLUGADA:

Não pense em freqüentar a igreja como obrigação. Ao contrário, considere como oportunidade de crescer no que você é em Cristo e encontrar outras pessoas que compartilham a mesma fé.

— Seus amigos, hein? Se fossem tão bons, porque deixaram que você ficasse bêbado? E onde estão agora?

— Não me venha com sermão. Não preciso disso — declarou Duncan sentindo-se fraco. Sua cabeça dava pontadas.

— Você não percebeu ainda? Importo-me com você. Não quero que tome esse caminho. — Depois, sacudindo a cabeça, acrescentou:

— Só vim aqui para ver como você estava. É tudo.

Durante as horas seguintes, lentamente Duncan começou a se sentir melhor. Ele dormiu, comeu e finalmente ficou bem o suficiente para se deitar no sofá e assistir à TV. David permaneceu com ele o tempo todo, só para se certificar de que ele estaria bem. No final da tarde, quando David fez menção de sair para ir à festa na igreja, pediu mais uma vez que Duncan fosse também.

Duncan pensou e percebeu que era o mínimo que podia fazer, uma vez que David tinha passado o dia inteiro cuidando dele — sem falar que comer pizza lhe abria o apetite.

Quando entrou pela porta da igreja, seus velhos amigos do grupo da mocidade gritaram dando-lhe as boas-vindas. Enquanto a noite passava e o grupo se divertia com brincadeiras diversas, fazia guerra de creme de barbear, entupia-se com pizza e assistia a filmes, Duncan não conseguia entender porque esteve afastado por tanto tempo. Ocorreu-lhe um pensamento! É como se ele nunca tivesse deixado de ir à igreja e era, com certeza, mais divertido do que beber e ficar doente com Joel e seus amigos.

Duncan lembrou-se de Joel ter dito que o pessoal da igreja era um grupo de perdedores. Depois das últimas vinte e quatro horas, teve absoluta certeza de que não eram perdedores. Não precisavam beber em uma festa para se divertirem, e isso lhe parecia bastante inteligente.

LINK DA VERDADE:

Querido Jesus, agradeço-lhe por me mostrar a necessidade de não deixar de ir à igreja. Sei que preciso fazer parte do corpo local de uma igreja. Oro para que o Senhor me mostre onde preciso ir a fim de conhecer bons amigos. Amém.

IMPLEMENTAÇÃO DA VERDADE:

Há um momento em nossa vida em que temos de decidir qual igreja freqüentar. Quando se é jovem, os pais nos levam a determinada igreja, mas, quando crescemos, podemos escolher. Não pense na igreja como obrigação, mas como oportunidade de conhecer pessoas ótimas que crêem nas mesmas coisas que você. Lá, encontrará amigos verdadeiros que desejam o melhor para você, e não pessoas que tentam arrastá-lo para baixo. Certas pessoas não têm pais que as encorajem a ir à igreja. Estão sozinhas. Se você for uma delas, ore para que Deus o oriente a ir à igreja certa com os amigos certos. Depois, permita que Jesus o leve a essa igreja. Logo, você encontrará um lugar de refúgio, onde aprenderá sobre Deus e fará amizades sólidas que exercerão uma influência positiva em você.

O ACIDENTE

Confiança em Deus

DOWNLOAD:

Mas eu, quando estiver com medo, confiarei em ti. Em Deus, cuja palavra eu louvo, em Deus eu confio, e não temerei. **Salmos 56.3,4 (NVI)**

À medida que o brilhante sol de verão erguia-se, a temperatura aumentava. O ar estava ficando cada vez mais seco. Depois de passar uma manhã animada, porém cansativa, correndo em volta do lago, Dean resolveu dar uma parada e curtir uma pequena recompensa — tomar uma limonada, sua bebida predileta de infância. No momento em que saiu da calçada e pisou na rua asfaltada para atravessá-la, ouviu o barulho de um caminhão veloz aproximando-se. Virando-se, percebeu que era tarde demais...

Dean acordou assustado. O seu coração disparou, o suor lhe escorria da testa e a respiração estava irregular. O acidente. Ele tinha revivido a cena quase todas as noites nos últimos quatro meses. Depois de olhar em volta, lembrou-se de onde estava — em uma clínica de reabilitação. Embora os funcionários tentassem tornar o quarto aconchegante, Dean não se enganava. Esse não era o seu lar. Nem mesmo chegava perto. Ao olhar para baixo, Dean viu os membros inferiores inchados, antigamente conhecidos por suas pernas, descansando sem vida sob o lençol.

Mesmo com o passar do tempo, não dava para acreditar. *Paralítico.* Essa palavra pairava no ar. Tudo acontecera tão rápido. Num momento, ele estava curtindo uma corrida ao redor do lago e, no momento seguinte, ele estava na tração, com ataduras da cabeça aos pés.

Dean ficara inconsciente durante alguns dias depois do acidente. Quando acordou, os medicamentos fortes haviam aliviado a dor. Agora, o rapaz quase que desejava a dor. Ao menos, podia sentir alguma coisa — qualquer coisa. Duas semanas após o acidente, os médicos lhe deram o prognóstico — paralisia da cintura para baixo.

A princípio, ele negou o diagnóstico. Tinha a absoluta certeza de que eles haviam cometido um engano, ou subestimado a sua capacidade de recuperação. A cada manhã, acordava pensando que seria o dia que fosse sentir alguma coisa — uma picadinha de alfinete, o frio do ar condicionado ligado, a maciez dos lençóis —, porém, esse dia nunca chegou.

Ele repassava repetidas vezes em sua mente os últimos momentos de sua vida como andante — uma pessoa que anda. Se ao menos... se ao menos não tivesse ido correr no lago. Se ao menos não tivesse resolvido tomar um refresco. Se ao menos tivesse visto o caminhão. Se... Se...

Dean ainda estava revoltado. Revoltado com o motorista do caminhão. Revoltado com qualquer pessoa que tentasse consolá-lo. Revoltado com todos que tomavam conta dele.

Na realidade, a maior parte de sua raiva tinha um alvo certo — Deus. Esperava-se que Deus cuidasse dele. Os anjos de Deus deviam tê-lo protegido. O Espírito Santo de Deus devia tê-lo avisado. Onde estava Deus naquela manhã?

Os visitantes tentavam consolar Dean, no entanto, as palavras soavam superficiais. Supunham que o acidente "fora a vontade de Deus", mas ele não conseguia entender como ser arremessado à frente de um caminhão poderia servir para a glória de Deus. Ou ponderavam que Dean "pecara e causara o acidente". Fora criado em um lar cristão e se tornaria crente em tenra idade. Tentava viver corretamente. Amava a Deus, sua família, seus amigos e a igreja. Não trapaceava ou roubava, não ia a muitas festas ou falava palavrões. Com relação à sua vida, não conseguia se lembrar de qualquer coisa que tivesse atraído essa situação. Houve alguém que chegou a declarar, com o intuito de consolá-lo, que "quando Deus fecha uma porta, Ele abre uma janela". Nesse momento, Dean só queria jogar essa pessoa pela janela.

Agora sentia-se letárgico, como se nada mais importasse. Queria desaparecer, ou apenas não acordar de manhã — qualquer coisa para não ter de enfrentar a vida real. Deitado na cama, desejando poder esquecer tudo, o fisioterapeuta de Dean, Alfred Thomas, entrou no quarto a fim de aprontá-lo para a sessão fisioterápica.

— Oi, Dean, como está hoje? Pronto para se mexer? — perguntou Alfred na sua maneira tipicamente amigável.

Pouco importando o que Dean respondesse, a disposição de Alfred nunca mudava. Ele sempre estava animado e feliz. Dean tentou não gostar dele, todavia desde o início Alfred sabia exatamente o que dizer. Havia trabalhado com muitos paraplégicos para fazê-los movimentarem-se de novo. Ele forçava Dean até à exaustão, exigindo que melhorasse.

— Hoje eu gostaria de continuar a trabalhar com você no fortalecimento do tronco e membros superiores — explicou Alfred ao revisar o prontuário de Dean.

— Não estou a fim de exercício hoje — afirmou Dean indiferentemente.

Tirando os olhos dos seus apontamentos, Alfred disse:

— Sabe que quanto mais cedo conseguirmos fazer com que você mexa, mais cedo poderá voltar aqui para sentir pena de si mesmo.

— O que você quer dizer com isso? — questionou Dean encarando-o.

Alfred deixou suas anotações de lado.

— Eu só sei que você tem de fazer uma escolha. Pode ficar deitado aqui e se entregar à depressão, ou seguir em frente, aprender a se movimentar e retomar a sua vida.

— Que vida?

— Uma vida que pode ser diferente do que você conhece, mas que ainda pode ser satisfatória — respondeu Alfred.

Na sala de fisioterapia, Dean esforçava-se para levantar pesos. Coisas que antes tinham sido fáceis, agora eram extremamente difíceis. Mais uma vez ele se lembrou da corrida que fazia por quilômetros ao redor do lago. Agora, tinha dificuldade de fazer movimentos simples numa máquina de peso.

Após os exercícios, Alfred levou Dean para fora a fim de tomar ar fresco. Vindo sem esforço pela quadra, outro jovem em uma cadeira de rodas jogava basquetebol com algumas crianças que pareciam experimentar todos os tipos de desafios físicos. Dean observou-o jogar, deslizando suavemente para trás e para frente. Quase conseguia mover-se tão facilmente em sua cadeira, como os andantes se movem com as duas pernas.

— Quem é ele? — interrogou Dean.

— É Mike Conners. Ele é incrível, não é? — falou Alfred, enquanto o conduzia em torno da quadra de esportes. — Sabia que faz apenas um ano que ele é cadeirante?

— O que aconteceu com ele?

— Acidente de carro. Foi bem parecido com você — respondeu Alfred. — Ele era um jovem ativo e muito ligado em esportes. No começo, passou por tempos difíceis, entretanto, depois superou. Aparece toda semana para fazer fisioterapia, e depois fica jogando basquete.

A VERDADE DESPLUGADA:

Quando coisas ruins acontecem, continue a confiar em Deus. Não pergunte por que algo aconteceu, mas peça para Deus ajudá-lo a seguir em frente. Ele pode reverter a situação e dar um excelente ganho para algo que você considera perdido.

— Então ele é a minha inspiração? — perguntou Dean sarcasticamente.

— Só se você quiser que seja. Todo mundo tem de fazer a sua própria escolha se deseja seguir em frente ou não. Ninguém pode tomar essa decisão por você.

No final do passeio, Dean pediu a Alfred para deixá-lo sozinho a fim de apreciar o sol. Sentado lá, olhou em volta, observando os outros pacientes. Alguns estavam sentados como ele. Outros se movimentavam pelo lugar, e ainda outros estavam jogando como Mike, com os rostos ruborizados pelo exercício.

Em seguida, Dean olhou de volta para Mike Connors. "Foi bem parecido com você", Dean lembrou as palavras de Alfred. Para Dean, tudo parecia irreal. Mike parecia que não tinha preocupação no mundo. Movia-se na cadeira de rodas com facilidade. Por dentro, Dean decidiu: *Eu quero ser assim. Quero curtir a vida de novo.* Contudo, sabia que não ia conseguir sozinho. Precisava de ajuda.

Jesus, não sei por que isso aconteceu comigo, Dean orou. *Nem sei mais se isso importa. Aconteceu, seja qual tenha sido a razão, e não vale mais a pena ficar revoltado ou depressivo. Só estou magoando a mim mesmo. Quero seguir em frente, mas preciso de ajuda. Ajude-me, Senhor. Confio em ti para o meu futuro. Sei que o Senhor é o único que pode me ajudar a passar por isso.*

Fazia meses que Dean não tinha uma conversa verdadeira de coração para coração com Deus. À medida que orava, sabia que as circunstâncias externas não haviam mudado; todavia, por dentro, experimentou o consolo que perdera e não sentia há muito tempo. Viu um lampejo de esperança começando a brilhar. Ele continuaria a orar para Deus ajudá-lo a andar de novo, mas, até que isso acontecesse, não ficaria sentado esperando. Começaria a trabalhar — construindo sua força, buscando a alegria de Deus e crendo na vontade do Senhor todos os dias.

LINK DA VERDADE:

Querido Jesus, estou enfrentando uma situação que não compreendo. Não sei por que isso foi acontecer, mas não quero cair em autopiedade. Oro para que o Senhor me mostre como seguir em frente. Oro para que me mostre como orar. Peço para que me conduza às Escrituras e me anime quando ler a Bíblia. Quero honrá-lo mesmo nos tempos difíceis. Mostre-me como fazer isso. Amém.

IMPLEMENTAÇÃO DA VERDADE:

Você já se perguntou por que coisas ruins acontecem com pessoas boas? Quando coisas terríveis acontecem, as pessoas geralmente se digladiam com o porquê. Por que Deus permitiu isso? Por que isso aconteceu? Geralmente ficam revoltadas e caem em depressão. A verdade: Saber o porquê não muda a situação. Você ainda tem de confiar em Deus para passar por isso. Confie nEle para mudar o resultado, ajudá-lo a superar a dificuldade e mostrar-lhe como enfrentar cada dia. Isso não quer dizer que você se resigna para aceitar menos que o melhor de Deus, mas significa que continua a seguir em frente, confiando no Senhor e orando.

A INTRUSA

Ciúme

DOWNLOAD:

Onde há inveja e espírito faccioso, aí há perturbação e toda obra perversa. Mas a sabedoria que vem do alto é, primeiramente, pura, depois, pacífica, moderada, tratável, cheia de misericórdia e de bons frutos, sem parcialidade e sem hipocrisia. Ora, o fruto da justiça semeia-se na paz, para os que exercitam a paz. **Tiago 3.16-18**

— Vai, Jair — torcia Tony o mais alto que podia, enquanto Jair corria pelo campo de futebol e ia em direção ao terceiro gol.

Tony e Jair eram vizinhos e, há anos, os melhores amigos. Cresceram juntos. Quando meninos, suas mães deixaram-nos brincar juntos no chiqueirinho. No ensino fundamental, jogavam futebol depois da escola, e durante os verões corriam para a piscina pública, onde desafiavam um ao outro interminavelmente em brincadeiras divertidas. Hoje, ambos passavam horas jogando vídeo game, treinando futebol e sendo voluntários na igreja.

Quando a partida de futebol terminou, Tony correu para parabenizar o amigo por ter ganhado um jogo tão difícil. Eles bateram com as palmas das mãos um do outro, enquanto os demais colegas do time pulavam para o abraço.

— Assim é que é — disse Tony animadamente. — Você fez três gols. Isso é surpreendente!

— Obrigado! Viu o último? Aquele cara quase me deu um carrinho, mas evitei e não parei. Contudo, por um segundo pensei que não ia conseguir — disse ele, dando um sorriso de vitória.

— Vi sim. Ei, depois de você se trocar, vamos comer um hambúrguer? Abriu uma nova lanchonete que faz uns *cheeseburguers* duplos inacreditáveis.

Jair sorriu vacilando.

— Puxa, desculpe, Tony. Eu vou comer alguma coisa com Tracy Guiness — justificou-se o garoto.

O sorriso de Tony desapareceu.

— Está bem. A gente se vê mais tarde, então.

Tony e Jair sempre devoravam hambúrgueres depois do jogo, por isso Tony ficara confuso. Tracy era nova na escola, e Jair esteve em umas duas aulas com ela. Ele a havia mencionado algumas vezes, porém, Tony nunca tinha imaginado que se gostavam.

Nos dias seguintes, Tony não conseguia se livrar do sentimento de aborrecimento por Tracy estar se tornando o maior obstáculo na sua amizade com Jair. Percebera que Jair estava saindo com Tracy entre as aulas e após a escola. Antes, Jair geralmente aparecia para jogar vídeo game depois da escola, mas agora Tony raramente o via. Tentou levar isso numa boa, porém sentia-se rejeitado. Não era que não gostasse de Tracy. Na verdade, ele mal a conhecia. Todavia nesse momento, isso não importava. Tudo que Tony conseguia ver era que seu amigo não tinha muito mais tempo livre, porque agora estava sendo levado por alguma garota.

Na semana seguinte, Tony chegou cedo ao grupo jovem. Fazia vários dias que não via Jair e esperava encontrá-lo para jogar um pouco de hóquei antes do início da reunião. Jair chegou cerca de cinco minutos antes de o grupo dar início às atividades, e Tracy estava com ele. Tony não acreditava que Jair viera com *ela*, pois o grupo jovem era uma das atividades que Tony e Jair mais apreciavam.

Jair acenou para ele e fez um gesto para que se juntasse a eles, no entanto, o amigo desviou o olhar, tomando um assento atrás do grupo, junto com outros rapazes. Depois que o grupo foi dispensado, vários adolescentes se reuniram para tomar refrigerante, incluindo Tony. Enquanto Tracy estava do outro lado da sala conversando com uma garota que conhecia da escola, Jair apareceu por trás de Tony dizendo:

— Oi! Por que você não fica com a gente? Eu queria apresentá-lo a Tracy.

Tony deu uma olhada em sua direção e, em seguida, respondeu friamente:

— Eu já sei quem é Tracy. Você não precisa nos apresentar. — Tony sabia que estava sendo rude, mas não conseguiu evitar. Não queria que Tracy estivesse ali.

Jair franziu o cenho, parecendo confuso. Tony sabia que Jair estava tentando descobrir o que incomodava o amigo. *Que ele descubra sozinho!*, pensou ele.

— Bem, você quer ir com a gente tomar um sorvete a caminho de casa? Outros também vão — ofereceu Jair.

— Não — retrucou Tony. — Não quero estragar o seu encontro.

— Não é um encontro — afirmou Jair diretamente. — Já disse que a galera também vai.

— Sorte sua — replicou Tony com sarcasmo. — Mas não estou com vontade. — Em seguida, virando-se, saiu.

No estacionamento, Tony embarcou em seu carro, querendo ficar sozinho. Achava que estava à beira de perder o seu melhor amigo para uma garota. Não é que os dois não tivessem namorado no passado, porém Tony sentia que com Tracy era diferente. Jair podia se apaixonar por ela. Tony observou enquanto o grupo saía do prédio e se direcionava a sorveteria. Vários colegas, incluindo Jair e Tracy, davam risada enquanto iam pegar os carros. Ele queria fazer parte do grupo, todavia, incapaz de engolir o seu orgulho, foi para casa.

Mais tarde, naquela noite, enquanto estava sentado em sua cama estudando, ouviu o telefone tocar. Ao atendê-lo, escutou Jair dizer.

— Ei, cara, o que deu em você há pouco? Por que você me dispensou daquela maneira? E por que você não gosta de Tracy? O que ela fez para você? — As perguntas de Jair vieram rápidas como balas de uma metralhadora.

— É que não gosto da sua namorada — declarou Tony francamente. — E daí?

— Isso me amolou a noite toda. Meu melhor amigo me dispensa e não quer passar um tempo com a garota que gosto. Qual é a sua?

As emoções de Tony oscilavam entre o arrependimento e a raiva. Por um lado, sentia-se mal por ter se comportado como um bobo, mas, por outro, não ligava.

Visto que Tony não dizia nada, o amigo continuou:

— Ah, saquei! Você está com ciúme. Eu tenho uma namorada e você não. É por isso que tem agido assim. Tracy não fez nada contra você. Achava que você era maior que isso.

— Não estou com ciúme por você ter uma namorada, mas com certeza não gosto que me dispense toda vez que ela estala os dedos — retrucou Tony. — Agora a gente não vai mais comer hambúrguer depois do futebol ou sair depois da escola. Cara, não vejo mais você.

A VERDADE DESPLUGADA:

Não permita que o ciúme envenene o seu relacionamento e abra um espaço entre você e seus amigos. Confie em Deus e em seus amigos para manter seus melhores interesses no coração.

Jair permaneceu calado por alguns instantes antes de responder.

— Amigo, sinto muito, mas Tracy e eu estamos namorando. Preciso ter um tempo para ela também. O que você diz de nós todos irmos comer fora depois dos próximos jogos da semana? Ou talvez você possa convidar uma garota, assim formamos uma dupla. Só temos de bolar alguma coisa. Não quero que o meu melhor amigo e a minha namorada se odeiem.

— Eu não a odeio — afirmou Tony meio frustrado. — É que não estou acostumado com ela por perto o tempo todo. Contudo, acho que posso fazer um esforço para conhecê-la.

— Ela é bem legal. Vai gostar dela — encorajou Jair.

Depois que desligaram, Tony refletiu acerca da situação. Jair era o melhor amigo que já tivera e, a menos que chegasse a um acordo com Tracy, podia perder a amizade dele. Passou alguns minutos em oração, pedindo a Jesus para ajudá-lo a não se sentir zangado e aceitar quando Jair quisesse passar mais tempo com Tracy. Tony também começou a pensar em outros amigos com quem pudesse sair, para que não se sentisse só.

Tendo considerado a situação, sentiu-se mais à vontade e tentou descobrir quem pediria para formar um encontro duplo com Jair e Tracy. Sandy Jones tem lhe dado atenção na aula de inglês ultimamente. *Hum... Talvez ela queira ir...*

LINK DA VERDADE:

Querido Jesus, perdoe-me por tornar-me ciumento e permitir que a rivalidade entre em minha amizade. Preciso de sua ajuda para saber lidar com o que estou sentindo. Mostre-me se a minha amizade está apenas mudando ou se estou exagerando. Da mesma maneira, ajude-me a me sintir seguro em meus relacionamentos, a agir com integridade e a confiar no Senhor em tudo que eu fizer. Amém.

IMPLEMENTAÇÃO DA VERDADE:

O ciúme é um elemento perigoso na amizade. Pode acabar até com o melhor dos relacionamentos. Antes que você perceba o ciúme o levará a suspeitar de todos os comentários, aparências e ações. Em seguida, a rivalidade entrará em cena, e o relacionamento ficará a um passo da morte. Em vez de ceder ao ciúme, peça a Deus para mostrar como se tornar mais seguro em suas amizades.

Não é fácil perder uma amizade, mas elas realmente mudam. Em certo ponto, vocês são o mundo um do outro, no entanto, as circunstâncias mudam e, de repente, você percebe que está saindo com outras pessoas. Talvez isso seja uma transição difícil. Contudo, não sucumba ao ciúme ou à rivalidade. Se a mudança for real ou imaginária, deve confiar em Deus para trazer o relacionamento certo em sua vida, no tempo certo. Ele deseja o que é melhor para você o tempo todo — mesmo nas suas amizades.

O HERÓI INESPERADO

Força Interior

DOWNLOAD:

Vigiai, pois, em todo tempo, orando, para que sejais havidos por dignos de evitar todas essas coisas que hão de acontecer e de estar em pé diante do filho do Homem. **Lucas 21.36**

Josué saiu subitamente pela porta da escola, sentindo-se aliviado por haverem terminado as aulas da semana. Eca! Como odiava a escola. Detestava a maneira como os espertinhos davam uma de valentões e gozavam dele. Odiava a aula de educação física, que era apenas mais um lugar para exibir a sua falta de força e coordenação. Para ele, a escola era um grande castigo. Entretanto, claro, Josué tinha amigos — outros rapazes que eram criticados, porque não eram tão grandes como os garotos populares. Porém esses rapazes tinham algo a seu favor. Eram inteligentes e adoravam computadores e ciência.

Sua mãe tentava tranqüilizá-lo, aconselhando-o: "Tenha paciência, Josué. Quando tiver quatorze anos, as garotas vão querer um jogador de futebol, mas quando tiver trinta, preferirão os rapazes inteligentes para criar coisas como o painel de pontuação".

Todavia, Josué não se conformava. Queria sentir-se importante e valorizado *agora*. Orava para que, de alguma maneira, Deus permitisse que fosse o zagueiro que marcaria um tento, em vez de ser o garoto da água — só uma vez. Porém, dando uma olhada demorada no reflexo do espelho, não via potencial para zagueiro. Era mais baixo e menor do que a maioria dos rapazes da sua idade.

"Seu pai era do mesmo jeito", lembrava-lhe sua mãe freqüentemente. "Ele só começou a crescer depois que fez dezessete anos. Seus colegas do terceirão nem mesmo o reconheceram quando o viram dez anos depois."

Por isso, Josué se resignava a sentir-se como um peso leve pelo resto do Ensino Médio. Sua única esperança era que a faculdade seria melhor.

Assim que se sentou para assistir aos programas repetidos na TV e comer um lanche depois da escola — bolachas de chocolate e Pepsi —, alguém bateu insistentemente na porta da frente. Espantado, correu até a porta e olhou através do visor. Do outro lado, viu Sandra, sua vizinha adolescente da casa ao lado, chorando histericamente. Ao abrir a porta, a garota gritou:

— Fogo! — em meio aos soluços.

— O quê? Onde? — gritou Josué. Em seguida, ao olhar para fora, viu uma fumaça preta se espalhando pelo céu da casa da vizinha. Josué correu para o telefone e discou para o corpo de bombeiros, dando as informações necessárias para a telefonista. Depois, correndo de volta para a porta da frente, observava com horror enquanto as chamas se revoluteavam no céu, aproximando-se perigosamente da sua casa. Ele observou Sandra enquanto as lágrimas lhe escorriam pelo rosto.

— O que aconteceu? — perguntou desesperado.

— Foi uma vela — respondeu, chorando. — Eu saí do quarto só por um minuto. Tentei apagar, mas se espalhou tão rápido. Meus pais não estão em casa, e não sei o que fazer.

De repente, as chamas chegaram até a cerca entre as duas casas. Preocupado, pois a cerca e sua casa poderiam ser atingidas, José correu para pegar a mangueira no quintal. Deixando a água com força total, ensopou a cerca, as plantas, a lateral de sua casa e algumas árvores próximas.

Josué ouviu Buster, o cãozinho de Sandra, latindo no quintal dela. Sabia que a corrente de Buster estava amarrada no pátio, então entregou a mangueira para Sandra, saltou a cerca e correu para soltá-lo. No momento em que estava soltando a corrente de Buster, ouviu o carro do corpo de bombeiros chegando, então retornou para frente da sua casa trazendo o cachorro.

Josué observava os bombeiros correrem para apagar o fogo. Pouco tempo depois, seu pai e sua mãe chegaram em casa e o abraçaram fortemente.

— Você está bem? — perguntou sua mãe com preocupação, enquanto examinava suas roupas sujas e molhadas.

— Estou, mãe — respondeu Josué e depois explicou a ambos o que tinha acontecido.

Mais tarde, depois que o fogo estava completamente apagado, um dos bombeiros aproximou-se para conversar com Josué e seus pais.

A VERDADE DESPLUGADA:

A força interior — força de caráter, convicção e coragem — é mais valiosa do que a força física.

— Você fez um excelente trabalho aqui — afirmou ele, olhando para Josué.

— Tudo que fiz foi abrir a mangueira — declarou o menino.

— Na verdade, você fez muito mais do que isso, porque manteve a cabeça fria durante todo o episódio. Se você não tivesse ligado para nós, não teríamos podido salvar nada da casa. E por ter pensado em jogar água na cerca, salvou a sua própria casa e as outras de serem danificadas — elogiou ele apontando para o sobrado atrás da casa de Sandra. Sorrindo, o bombeiro acrescentou:

— E acima de tudo, salvou o cachorro. Não se pode querer mais que isso. Precisamos de mais jovens como você — e deu um tapinha nas costas de Josué antes de ir embora.

Na manhã seguinte, a mãe de Josué o chamou na cozinha e apontou para o jornal. Lá, em branco e preto, Josué leu a respeito do incêndio. Mais ou menos na metade do artigo, havia um parágrafo sobre ele. O repórter referia-se ao rapaz como "um jovem herói que salvou várias casas de serem danificadas, graças à sua coragem e presteza". Josué leu o parágrafo diversas vezes, tentando convencer a si mesmo de que de fato estava falando sobre a sua pessoa. Ele nunca havia sido herói antes. Era bom saber que agora ele era.

Hum... Obrigado, Senhor Jesus. Pelo menos uma vez, acertei.

LINK DA VERDADE:

Querido Jesus, tantas vezes me concentrei na aparência exterior e na força física, mas sei que é mais importante ter força interior. Ajude-me a

lembrar que a verdadeira força vem de ti, e que eu me concentre no desenvolvimento da minha força interior, em vez de dar atenção apenas ao meu físico. Amém.

IMPLEMENTAÇÃO DA VERDADE:

Hoje em dia, a sociedade dá muito valor à força física. Heróis esportivos são reverenciados, e os heróis dos filmes de ação são admirados. Embora não haja nada de errado com a força física — é claro que Deus quer que você esteja em boa forma —, Deus está mais preocupado com a força interior, o tipo de força que o ajuda a tomar a decisão correta quando aparecem as dificuldades.

Não pense que você é fraco apenas porque não consegue levantar certo peso ou não é adequado ao padrão popular. Deus tem lhe dado a habilidade de ser uma pessoa muito forte quando ora, lê a Bíblia, cultiva amizades cristãs e se torna um exemplo de Deus para as pessoas imitarem. À medida que for construindo sua força interior, vai se transformando em alguém que os outros admiram e querem ser igual.

PRETO NO BRANCO

Honestidade

DOWNLOAD:

Para que o nome de nosso Senhor Jesus Cristo seja em vós glorificado, e vós nele. **2 Tessalonicenses 1.12**

— Posso pegar seu pedido? — Matt perguntou na mesa de quatro pessoas. Enquanto a cálida brisa vespertina soprava no pátio, anotava os pedidos dos clientes e, em seguida, ia à cozinha para entregá-los ao cozinheiro-chefe. Gostava de trabalhar como garçom no restaurante mexicano *El Corazón*. Era o seu primeiro emprego e já havia aprendido muito nesses três meses de trabalho. Matt começou como ajudante de garçom e lavador de pratos, depois passou a receber as pessoas como anfitrião e, agora, fora promovido a garçom.

Em uma noite boa servindo mesas, as gorjetas somavam duas a três vezes mais do que quando era ajudante de garçom. Ele estava grato por ter subido de cargo em tão pouco tempo. Em parte, graças aos seus pais por terem-no ensinado bons hábitos de trabalho — ser pontual, obedecer às ordens sem reclamar, ser gentil com todos e "andar a segunda milha" quando alguém lhe pedisse para fazer algo. Ficava surpreso quando muitos outros funcionários não seguiam esses mesmos princípios, que o ajudaram a tornar-se um garçom mais rápido do que os outros trabalhadores.

Matt tinha outra razão para trabalhar tão duro no seu emprego. Seu pai fora despedido do trabalho. Embora os seus pais não tivessem pedido ao filho para ajudá-los, sentia que era melhor pagar suas próprias despesas do que pedir aos seus pais dinheiro. Matt também contribuía, quando podia, com o supermercado e a gasolina a fim de ajudar a família. De tempos em tempos, parava na mercearia para pegar algumas coisas que achava que os seus pais precisavam. Às vezes usava o seu cartão de desconto para funcionários e trazia o jantar para casa do restaurante. Esses gestos eram apenas a sua maneira de tentar ajudar, até que seu pai encontrasse outro emprego.

— Matt, o pedido da mesa vinte e seis está pronto — chamou um dos preparadores de comida, depois que Matt havia retornado do seu último pedido.

Rapidamente, pegava os pratos fumegantes, checando-os duas vezes para certificar-se de que estavam conforme o pedido, e levava-os direto à mesa. Em seguida, verificava as outras mesas, completando os copos, batatinhas e salsa, antes de ajudar um dos ajudantes de garçom a limpar uma mesa vazia. Havia levado algumas semanas, mas já dava conta da rotina. Gostava de ficar ocupado e nunca se cansava da agitação.

Depois de limparem a mesa e de o ajudante de garçom ter se dirigido à cozinha, Matt observou a gorjeta. Não era dele; pertencia a Jim, um dos garçons. O rapaz apanhou os dois reais e os colocou no bolso. Embora por dentro o seu coração tivesse disparado e as palmas das mãos estivessem suando, tentava continuar a trabalhar como se nada estivesse errado.

Eu não tirei tudo, consolava-se ele. *E não é como se estivesse tirando para mim mesmo. Estou tirando para os meus pais. Se eu puder aumentar as minhas gorjetas hoje à noite, então vou poder usar o dinheiro para pagar o seguro do carro.*

Enquanto ponderava a sua ação, continuava trabalhando e sentiu-se um pouco melhor.

Poucos dias depois, pegou duas notas de outra mesa. De novo, a gorjeta não era sua, porém ele se justificava mentalmente. Várias vezes isso aconteceu. Durante as duas semanas seguintes, Matt aumentou significativamente o dinheiro que levava para casa.

Certo dia, o rapaz ouviu Jim reclamar com a garçonete na cozinha:

— Minhas gorjetas têm diminuído ultimamente. Estou com mais ou menos dez reais a menos em alguns turnos. É estranho. Não sinto como se estivesse menos ocupado — comentou ele.

A garçonete reclamou que tinha percebido uma queda em seus ganhos também. Jim continuou:

A VERDADE DESPLUGADA:

Ter uma vida honesta significa viver na verdade de Deus. A verdade de Deus é preto no branco. Deus não vive nos meios-termos.

— Se alguma coisa não mudar, vou ter de procurar outro emprego. Não posso aceitar receber dez reais a menos em cada turno. Se for somar e continuar assim, não vou poder pagar o aluguel do apartamento este mês.

Matt deteve-se.

Ele não havia considerado que os outros garçons precisavam de dinheiro tanto quanto ele. *Vai ser minha culpa se Jim não puder pagar o aluguel*, refletiu Matt. Ele ficou muito envergonhado ao perceber como as suas ações tinham afetado outras pessoas. Por fim, admitiu a verdade para si mesmo — estava roubando. *Roubando!* Só de pensar sentia o estômago embrulhar. *Onde eu estava com a cabeça? Sou ladrão!*

Pelo resto da noite, Matt movia-se mecanicamente em sua rotina. Sabia que não estava fazendo um bom serviço, porque sua mente estava em outras coisas. Ele não sabia o que fazer. De um lado, podia não dizer nada e deixar de pegar as gorjetas, mas seria o suficiente? Isso não ajudaria Jim a pagar o aluguel ou ganhar o dinheiro que havia roubado. Do outro lado, se ele confessasse, perderia o emprego. Ele ia de um lado para o outro com seus pensamentos.

Oh, Jesus, ajude-me a sair dessa, orou.

Incapaz de decidir o que fazer, Matt continuou a trabalhar nos dias que se seguiram. Ele aparecia, fazia o seu turno e ia para casa, pegando apenas as suas gorjetas. Por mais que tentasse mudar, percebeu que não podia agir como se nada tivesse acontecido. Por fim, descobriu o que tinha de fazer.

As segundas-feiras passavam devagar, porém Matt sabia que José, o gerente, vinha ao trabalho para fazer os relatórios semanais. Nessa tarde, Matt entrou nervosamente no escritório de José e sentou-se.

— José, eu tenho de me demitir hoje — começou ele.

Confuso, José perguntou-lhe por quê.

— Cometi alguns erros dos quais não me sinto orgulhoso. — Matt engoliu em seco, sentindo que a verdade era até mesmo mais feia quando era dita. — Eu peguei algumas gorjetas que não eram minhas. Não estou me justificando; isso foi errado. Minha família tem passado por alguns problemas, e pisei na bola. Sei que não posso compensar o que fiz, mas eu agradeceria se você desse este dinheiro para os outros garçons e garçonetes.

Tirou do bolso da jaqueta vários envelopes e colocou-os sobre a escrivaninha de José. Em cada um havia o nome dos outros trabalhadores.

— Eu quero que você devolva esse dinheiro.

José permaneceu sentado calmamente em sua cadeira, observando Matt. Depois de vários segundos de silêncio, ele afirmou:

— Você tem razão, Matt. Não pode continuar a trabalhar aqui. É a norma do restaurante — roubar é dispensa por justa causa. Sei que foi preciso coragem para vir até aqui e dizer tudo isso. Aprecio a sua honestidade, uma vez que você veio por vontade própria. Muitas pessoas teriam apenas ignorado o assunto, mesmo se percebessem que estavam erradas. Por conta disso, e porque acredito que você não fará de novo, lhe darei uma ótima carta de referência para o seu próximo emprego. Não vou mentir, mas vou sugerir que contratem você. Bastante justo? — Em seguida, pegando os envelopes, ele prometeu entregá-los às pessoas apropriadas.

Matt deixou o escritório de José sentindo-se mal por ter roubado, porém mais leve, pois havia feito a coisa certa, e agora essa experiência ficara para trás. Enquanto andava em direção ao seu carro, prometeu: *Deus, jamais farei qualquer coisa assim novamente.*

LINK DA VERDADE:

Querido Jesus, perdoe-me pelas escolhas desonestas que tenho feito. Eu quero viver de acordo com a sua Palavra. Mostre-me como tomar decisões honestas em minha vida e repreenda-me quando tomar as erradas. Amém.

IMPLEMENTAÇÃO DA VERDADE:

Você já tomou uma decisão rápida demais da qual se arrependeu mais tarde? Ou já fez algo que era contra a sua moral? Talvez tenha procurado justificar suas ações com circunstâncias atenuantes, mas, interiormente, sabia da verdade. A boa notícia é que Deus não o abandonou para vagar pela vida perdido e sem direção. Ele lhe deu a Bíblia, a qual o orienta a viver uma vida honesta. Em sua Palavra, você vai encontrar respostas — respostas que o ajudam a fazer boas escolhas e a viver. A Palavra de Deus é preto no branco, por isso você não precisa tropeçar nos meios-termos.

PROVA DE VIDA

Oração

DOWNLOAD:

A oração da fé salvará o doente, e o Senhor o levantará; e, se houver cometido pecados, ser-lhe-ão perdoados. **Tiago 5.15**

Bipe, bipe, bipe.

Os aparelhos hospitalares ao redor do avô de Isaque faziam bipe e zuniam. De certo modo, o som era confortador, levando-se em conta que o silêncio anunciaria o fim para ele. O zumbido também ajudava a preencher o vazio de não saber o que dizer. Isaque sentia-se indefeso enquanto observava-o entrar e sair da consciência.

— Vamos, vovô. Sente-se e fale comigo — suplicou ele.

— Fique falando com ele — incentivou uma das enfermeiras quando entrou para trocar um dos soros ligado à veia. — Ele ouve você.

E foi o que Isaque fez. Ele contara ao avô sobre o seu dia na escola, seus amigos, sua namorada. Entretanto, depois de um tempo, não sabia o que mais contar, a não ser:

— Por favor, não me deixe, vovô.

Não é que Isaque não tivesse ninguém mais da família. Apenas nenhum deles — pai, mãe, irmão, irmã, avó ou outros — o conhecia como ele. Estava convencido de que o seu avô havia ensinado tudo o que valia a pena saber sobre a vida. Ele lhe ensinou sobre coragem, amizade e amor. Isaque escutava tudo que ele dizia — isto é, quase tudo.

A única coisa que não conseguia entender era sua fé em Deus. Freqüentara a igreja com ele, no entanto, para Isaque, era apenas música bonita e muitas palavras. Isaque podia entender que as pessoas se reuniam como comunidade — ele o ensinara sobre isso também —, mas acreditar em algo que ele não podia ver todos os dias, bem, isso era muito difícil.

— Isaque, você gostaria de ir comigo à igreja para orar pelo seu avô? — perguntou a avó.

— Não, vovó. Quero estar aqui quando os médicos vierem — respondeu ele.

— Sabe, querido, os médicos não sabem tudo — replicou a avó gentilmente.

Isaque olhou para ela por um segundo, antes de ficar de costas para o avô.

— Vovó, o médico é a única pessoa que pode salvá-lo agora. — Por dentro, estava zangado por sua avó ter desistido dele. O que queria dizer com o médico não sabe tudo? Ele era o único que poderia oferecer alguma ajuda.

Trinta minutos depois, o médico chegou para a visita matinal. Isaque e ele se cumprimentaram. Depois de observar o médico passar os olhos no prontuário do seu avô, ele perguntou:

— Como ele está?

— Um pouco melhor — retrucou ele, levantando os olhos do prontuário enquanto escrevia. — O monitor cardíaco mostra uma melhora em uma das áreas que estava sem reação.

Isaque ficou animado, pois tinha fé de que qualquer coisa que o médico prescrevesse funcionaria. Sentia-se confiante de que a medicina ajudaria a trazer o seu avô de volta para casa logo.

Quando sua avó voltou, Isaque contou-lhe a boa notícia. Sua avó deu um sorriso de quem já sabia:

— É por isso que eu orei.

Isaque não discutiu com ela, porém acreditava que o médico havia ajudado o seu avô e não Deus. Na mente do menino, Deus estava lá em cima observando os acontecimentos se desenrolarem, todavia Isaque não achava que Ele de fato se importasse. Era apenas um espectador silencioso.

Outro dia passou, e de novo sua avó o convidou para irem orar na capela. Novamente, Isaque declinou o pedido, esperando pelo médico que fazia a sua ronda. Mais uma vez houve uma leve melhora. Seu avô havia aberto os olhos e falado com a avó tarde da noite anterior. Os funcionários do hospital estavam confiantes de que ele estava melhorando.

No dia seguinte, depois de outro relatório positivo, Isaque deteve o médico ao sair do quarto.

A VERDADE DESPLUGADA:

Deus deseja ouvir algo de você, portanto arranje tempo para conversar com Ele todos os dias.

— Doutor, obrigado por ajudar o meu avô. Sei que, se não fosse por você, o meu avô não estaria melhorando.

O médico deu um sorriso.

— Eu gostaria de ser o responsável pela melhora nas condições do seu avô, mas não sou. Diga à sua avó para continuar orando.

Depois que saiu, Isaque sentou-se ao lado de seu avô e segurou sua mão. Ele não sabia o que pensar. Por que as orações de sua avó fariam alguma diferença? Claro que o médico não pensaria que as orações tinham algo a ver com a melhora de seu avô. *Deve ser apenas a natureza tomando o seu curso,* raciocinou ele.

Mais tarde, naquela noite, Isaque e sua avó permaneceram sentados próximos do doente, conversando com ele e um com o outro. Enquanto riam e se lembravam da ocasião em que o avô levara o neto de barco a motor para o outro lado do lago só para comer sonhos numa manhã de sábado, o avô de Isaque abriu de repente os olhos. E sorriu.

— Eu adoro ouvir a risada da minha família — declarou ele com voz débil. Eles correram para o seu lado e se inclinaram sobre ele, rindo e encorajando-o a ficar bom. Em seguida, concentrando-se em sua esposa, ele expressou:

— Eu senti as suas orações, Alice.

A avó de Isaque sorriu, alisando os cabelos dele no travesseiro.

— Você não pensou que eu desistiria de você sem lutar, não é?

Ele riu placidamente e depois fechou os olhos cansados.

— Essa é a minha menina — respondeu o velho antes de adormecer.

Enquanto Isaque os observava, um soluço lhe engasgou a garganta. Por toda a sua vida, soube que seguiam a Deus, no entanto, não conseguia entender isso, porque sempre quis alguma coisa tangível com que se apegar — algo mais que o prédio da igreja cheio de pessoas e música bonita. Agora, olhando para eles, soube que acabara de receber algo tangível. A fé que tinham era real. Deus havia ouvido e respondido às orações de sua avó, e a vida de seu avô era uma prova disso.

No dia seguinte, quando sua avó convidou Isaque para irem à igreja orar, ele não hesitou. Sabia que deixaria de falar com o médico, mas isso não importava. Finalmente entendeu que estava conversando com a fonte mais alta, uma com mais respostas e mais poder do que o médico jamais poderia ter.

LINK DA VERDADE:

Querido Jesus, às vezes me esqueço de consultá-lo acerca de minha vida, mas quero mudar isso. Ajude-me a lembrar de orar e incluir o Senhor em cada área de meu viver. Amém.

IMPLEMENTAÇÃO DA VERDADE:

A oração é uma parte importante para se viver uma vida com Deus. Às vezes, você obterá respostas imediatas às suas orações, e, em outras vezes, levará tempo. Independente disso, continue a orar pela presença de Deus em todas as situações e preste atenção ao modo com que Ele o orienta. Procure pela sua mão quando Ele endireitar as coisas.

Se quiser, registre num caderno as situações pelas quais você ora. Depois, conforme forem respondidas, anote as respostas. Ao longo do tempo, verá o quanto Deus trabalha para o seu bem. Não é um ser distante, que observa a sua vida com indiferença. Ele é parte de tudo que você faz e está trabalhando para o seu bem.

O SACRIFÍCIO

Doação

DOWNLOAD:

Dai, e ser-vos-á dado; boa medida, recalcada, sacudida e transbordando vos darão; porque com a mesma medida com que medirdes também vos medirão de novo. **Lucas 6.38**

— Marty, precisamos fazer uma reunião de família — solicitou o pai seriamente. — Vá buscar seu irmão e encontre sua mãe e eu na sala de visitas.

Reuniões de família eram coisas sérias. Só eram realizadas quando os seus pais tinham em mente grandes transformações, tais como: a mudança de toda a família para o outro lado do país, o retorno de sua mãe ao trabalho e a morte de sua avó. Geralmente, era uma hora quando a família inteira se unia como numa frente de batalha em um assunto sério. Qualquer decisão que precisasse ser tomada era manifesta a todos ao mesmo tempo, para que ninguém fosse deixado de fora. As reuniões eram, na maior parte, sobre mudança de vida e sempre deixavam Marty apreensivo.

Quando todos da família se sentaram — ele, sua mãe, seu pai, seu irmão, Benjamim, e sua irmã mais velha, Meagan —, Marty olhava ao redor procurando o marido de Meagan, Chad. Meagan e Chad casaram-se a pouco menos de dois anos e moravam do outro lado da cidade, próximo à universidade, onde Chad estagiava para ser médico, e Meagan estudava para ser professora. Quando Marty estava para perguntar onde estava Chad, ele olhou com mais atenção para a irmã e percebeu que seus olhos estavam inchados e vermelhos de tanto chorar. *Oh, meu Deus, isso tem de ser sério*, pensou Marty, esperando que nada de terrível tivesse acontecido com Chad.

— Precisamos ter uma conversa muito séria — começou seu pai. Depois, olhando para Meagan, perguntou:

— Você quer contar para eles?

Meagan, que segurava com força a mão de sua mãe, declarou:

— Chad e eu estamos pedindo o divórcio.

Chocado, Marty olhou de sua mãe para o seu pai e depois de volta para Meagan. Ficou sem fala.

— Nós dois estamos tendo problemas já faz tempo — continuou Meagan. — As coisas estavam bem difíceis em termos de dinheiro e na faculdade. Na segunda-feira, Chad me contou que tem se encontrado com outra pessoa e quer o divórcio. Ontem saiu de casa. — Marty observava como seus pais consolavam e abraçavam Meagan.

— Isso significa — começou seu pai com voz emotiva e trêmula — que Meagan virá morar aqui em casa por um tempo. Ela não pode bancar o apartamento sozinha. E um advogado custa caro, por isso precisamos ajudá-la a sair dessa. Marty, terá de dormir no quarto de Benjamim para que Meagan tenha o antigo quarto dela de volta. Vamos ajudá-la a se mudar neste final de semana, então quaisquer planos precisam ser cancelados. Todos precisam cooperar. Alguma pergunta?

Marty não conseguia pensar em nenhuma no momento. Moveu-se para dar um abraço na irmã, porque essa era a coisa certa a fazer. A sua mente estava vazia. Depois de consolar a família por um tempo, subiu para o quarto a fim de se refugiar, pois precisava pôr em ordem os seus pensamentos. De uma vez só, havia perdido um cunhado, ganhado uma irmã de volta e perdido o seu final de semana e o quarto.

Vagarosamente, se deu conta da situação. Não era que não tivesse compaixão da irmã, mas havia esperado por anos para ter um quarto só para si. Finalmente tinha espaço para todos os seus pôsteres, uma escrivaninha, seu computador, CD player e outras coisas. Em seu quarto, ninguém pedia para mudar de música, nem fuçava as suas coisas nem tinha de dividir o espaço com um irmão de doze anos. Sentindo-se um tanto sufocado, Marty ligou o som e o computador. Durante as duas horas seguintes, refugiou-se nos jogos violentos de PC.

A VERDADE DESPLUGADA:

Quando você dá aos outros, torna-se as mãos de Deus para o mundo.

No sábado, os pais de Marty acordaram todos cedo para começarem o dia. Em dois dias, ele mudara seus pertences bem devagar para o quarto de Benjamim. O menino também não estava entusiasmado em ter de dividir seu espaço, mas logo se adaptou. Uma vez que o espaço era limitado, cerca da metade dos itens de Marty tiveram de ir para a dispensa. Objetos importantes — como roupas, o computador e a coleção de CDs — ficaram no quarto, porém os demais foram guardados no sótão.

— Não podemos transformar o sótão ou o porão em outro quarto de dormir para Meagan? — suplicara Marty enquanto empacotava as suas coisas. Ele queimou as pestanas tentando pensar em uma alternativa para não perder o quarto, todavia seus pais não cederam. Nem o sótão, nem o porão foram feitos para serem quarto, e converter qualquer um deles era caro demais para se considerar no momento.

A família se amontoou em um carro e um caminhão de mudanças para ir ao apartamento de Marta. No caminhão com o seu pai, Marty casualmente perguntou quanto tempo a irmã moraria com eles.

— Não tenho certeza — respondeu seu pai tristemente. — Não esperava que isso acontecesse. Vai levar tempo até Meagan se restabelecer de novo. Talvez ela não possa se mudar até que consiga se formar no ano que vem.

— Então tenho de ficar com Benjamim por um ano? — questionou Marty chocado.

— Marty, confie em mim; isto não é fácil para ninguém. Sei que você está aborrecido, entretanto preciso que dê um pouco de si nisso — replicou o seu pai, olhando-o de relance. — Sua irmã precisa muito de nosso apoio neste momento.

Marty não retrucou e, frustrado, olhou para fora da janela.

O apartamento de Meagan estava vazio na hora que Marty e seu pai chegaram. Metade da mobília já tinha ido, as paredes estavam vazias, assim como os armários. Marty sentiu a desesperança que existia no lugar. Não muito tempo atrás, havia sido um apartamento alegre de recém-casados, cheio de amor e vida, mas agora ele sentia o desespero. O garoto andou pelo pequeno apartamento, etiquetando e transportando caixas para a porta, a fim de que Benjamim levasse as menores ao caminhão. No quarto de dormir, sua irmã estava sentada no colchão descoberto com as mãos na cabeça, chorando. Marty quase se voltou para sair, mas depois foi em direção a sua irmã e sentou-se ao seu lado. Não sabia o que dizer, por isso permaneceu calado.

— Você acha que Deus me perdoará? — sussurrou Meagan.

— De quê? — interrogou Marty com intensidade. — Deus sabe que foi Chad que a deixou. — Sua natureza protetora veio à tona.

Meagan soltou uma risada cínica.

— Ele me deixou, claro. Contudo, sinto-me fracassada. Aqui estou eu, uma recém-divorciada de vinte e um anos que mora com os pais. Algo está bem errado nesse quadro.

Olhando para a irmã arrasada, Marty percebeu que dividir o quarto era coisa de menor importância. Ele colocou o braço ao redor de Meagan e lhe deu um abraço bem forte. Ao sentir que as emoções lhe subiam pela garganta, tentou aliviar a tensão.

— Vou dividir meu quarto com você, mas o banheiro é outra coisa. Não vou esperar duas horas toda manhã para você se aprontar. Tem uma mangueira no jardim. É isso aí. É tudo o que você precisa — escarneceu ele. Ao ouvir Meagan dando risada, percebeu que alcançara o seu objetivo.

Em poucas horas, o apartamento estava vazio, e a família pronta para voltar. Observando a irmã dando uma olhada triste e derradeira no ambiente, Marty soube, naquele momento, que teria dado qualquer coisa para ela. O menino não estava a fim de dormir num beliche com Benjamim, mas se deu conta de que o seu quarto era mais do que um quarto para Meagan. Era um refúgio, um lar que ela precisava muito agora, e algo que Marty podia fazer para ajudá-la durante esse difícil capítulo de sua vida.

LINK DA VERDADE:

Querido Jesus, ajude-me a ter um coração generoso. Quero me lembrar de que algumas coisas são maiores do que eu, e que nem sempre tem de ser à minha maneira. Sei que às vezes não consigo ver nada mais que minhas necessidades e desejos. Por isso, lembre-me de colocar os outros em primeiro lugar. Amém.

IMPLEMENTAÇÃO DA VERDADE:

Um coração generoso é mais do que apenas dar dízimos ou ofertas. Embora estas práticas sejam muito importantes, é difícil você dar a si mesmo. Não é fácil submeter-se aos outros e colocar as necessidades das pessoas em primeiro lugar. Todavia, é exatamente isso que Deus pede que você faça. Como seus filhos, Deus quer que sejamos participantes do cuidado uns dos outros. Você é importante, e o que dá aos outros é importante também. Por isso, da próxima vez que alguém lhe pedir alguma coisa, ou se você sentir-se impulsionado a oferecer algo a outra pessoa, saiba que está sendo usado por Deus. Você está sendo as mãos e os pés de Deus para as pessoas, e essa é uma excelente obra.

NINGUÉM JAMAIS SABERÁ

Sexo

DOWNLOAD:

Vocês não sabem que aquele que se une a uma prostituta é um corpo com ela? Pois, como está escrito: "Os dois serão uma só carne". Mas aquele que se une ao Senhor é um espírito com ele. **1 Coríntios 6.16,17 (NVI)**

— Fred, você está ótimo — elogiou Jennifer ao embarcar no carro. — Eu adoro essa jaqueta.

— Obrigado. Achei que podia esfriar hoje à noite na feira — replicou ele.

Enquanto Mike dirigia o carro que os levava ao recinto da feira, discutiam sobre os seus brinquedos prediletos. Mike votou no barco de 180 graus.

— Gosto de girar tão rápido que o mundo inteiro fica enevoado.

— Adoro a roda-gigante! — exclamou Jennifer. — Adoro ficar bem no alto e ver tudo lá de cima.

— De jeito nenhum! — Mike deu uma risada. — Fico zonzo com essa altura.

— Sendo assim, Fred terá de me levar — disse Jennifer com voz macia, enviando-lhe um sorriso luminoso.

Ele riu.

— Claro, sem problemas.

Fred estivera preocupado em ter de segurar vela no namoro de Mike e Jennifer, porém eles haviam insistido tanto.

— Outras pessoas vão estar lá. Pelo final da noite, provavelmente seremos um grande grupo passeando juntos. Jennifer quer que você vá — Mike havia dito.

Mike e Jennifer estavam juntos há poucos meses, e Fred estava feliz pelo seu melhor amigo. A menina era bonita e determinada. Estivera no encalço de Mike por um tempo, até que ele a convidou para sair. A persistência dela era uma das coisas que Mike mais admirava.

— Ela não faz joguinho. Vai atrás do que quer.

Na feira, os três compraram os ingressos, brincaram, jogaram e andaram nos brinquedos. Então, Jennifer pendurou o braço no de Fred.

— A roda-gigante está me chamando pelo nome. Mike, por que você não espera por nós na barraca de bilhetes? Já voltamos.

Sem demora, se sentaram na cadeirinha e moveram-se lentamente até o topo, enquanto as outras cadeirinhas se esvaziavam e se enchiam.

— Fred, você é mesmo um bom amigo do Mike. Ele fala a seu respeito o tempo todo. É sempre "Fred isso", "Fred aquilo" — Jennifer dava risada, jogando os cabelos para trás. — Às vezes acho que escolhi o namorado errado.

Fred deu uma risadinha e confirmou.

— Ele e eu nos conhecemos há muito tempo. É um cara legal.

— Sim, eu sei. Contudo, acho que você é mais sensível — respondeu ela, envolvendo-o com o seu braço.

Ela está sendo gentil, ou está me paquerando?, Perguntava-se Fred. Em seguida, encostou a cabeça no ombro dele. Tentando resistir ao aroma de morango do seu cabelo, Fred apontava para algum lugar a distância com o braço que ela segurava. Jennifer era a namorada do seu melhor amigo, e ele respeitava isso. Embora não estivesse completamente certo do que estava acontecendo, sabia que os dois estavam perigosamente próximos do limite.

— Sabe, Fred, ninguém teria de ficar sabendo se você me beijasse — sussurrou ela em seu ouvido.

— Você é a namorada do Mike, Jennifer — Fred sentiu-se preso numa armadilha.

— Se você não contar, também não contarei — argumentou ela enquanto chegava mais perto, colocando uma mão sobre o peito dele ao mesmo tempo em que lhe beijava o pescoço.

Embora a noite estivesse fresca, Fred sentia como se tivesse aterrissado no meio do inferno. A roda-gigante começou a rodar e rodar.

— Eu... eu tenho de deixar para outro dia — gaguejou Fred.

Jennifer afastou-se de supetão e sorriu.

— Um desafio. Eu gosto de desafios. — Em seguida, aproximando-se dele, encostou-se nele de novo. — Confie em mim, você vai gostar. De tudo.

Fred rapidamente agarrou a mão dela, agradecido pela volta da roda-gigante ter se completado. Enquanto saíam da roda-gigante, Mike juntou-se a eles.

— Como foi?

Jennifer sorriu.

— Foi ótimo, mas acho que Fred precisa se distrair. Ele ficou um pouco nervoso lá em cima.

— Foi demais para você, hein? — Mike deu uma risadinha, esmurrando Fred no braço.

Fred sorriu sem entusiasmo. *Você não faz idéia.*

Mais tarde em casa, Fred deitou-se em sua cama fitando o teto. Tentou compreender por que Jennifer tinha dado uma cantada nele. Ela estava infeliz com Mike? Realmente gostava mais dele? Independente disso, Fred jamais conseguiu se imaginar namorando Jennifer. Não apenas era a namorada de Mike, mas tinha um jeito muito apressado para ele.

Na semana seguinte, na escola, quando Fred saía da aula de Biologia, viu que Jennifer estava esperando por ele.

— Oi, Fred. Tenho sentido a sua falta — afirmou ela inocentemente.

— Tenho estado ocupado. — Fred começou a caminhar para a sua próxima aula, desejando que não a tivesse encontrado assim. Se Mike os visse juntos, poderia suspeitar de algo. E daí se ela era bonita e divertida? Era a namorada de Mike. Fred ficava se lembrando desse fato.

— Convidei alguns amigos para irem à minha casa nesta sexta-feira. Mike tem de trabalhar, no entanto, espero que você venha. Começa às 20 horas — ela declarou. Depois, cutucando-o, acrescentou:

— Não se preocupe. Vou me comportar.

Depois de conversar com Mike, Fred decidiu que era seguro ir.

Jennifer havia convidado mais seis amigos. Eles assistiriam a filmes e comeriam pizza. Ao chegar, Fred não viu nenhum carro e nem ouviu ninguém dentro da casa. Tocou a campainha. Jennifer abriu a porta vagarosamente. Usava um vestido curto e floral. Ao conduzi-lo à sala de visitas, Fred percebeu que ambos estavam sozinhos. A sala estava repleta de velas, e uma música suave vinha de algum lugar.

— Onde está todo mundo? — perguntou ele. Todavia, interiormente, já suspeitava que ninguém mais viria.

— Mudei de idéia. Achei que uma festa a dois seria mais divertido — respondeu Jennifer, tomando a sua jaqueta. — Você quer alguma coisa para beber? Eu tenho tradicional e *diet*.

— Tradicional está bem. Onde estão os seus pais?

— Eles vão ficar fora à noite e só voltarão bem tarde — informou ela ao retornar à sala com o refrigerante dele. — Sente-se.

A VERDADE DESPLUGADA:

Deus não está punindo-o quando lhe pede para guardar o sexo para o casamento. Ele está protegendo-o de tomar decisões que, a longo prazo, acabariam ferindo-o.

Fred sentou-se na beira do sofá e observou enquanto Jennifer aproximava-se dele.

— Então, o que devemos fazer? — inquiriu ela provocantemente, conforme se movia para mais próximo dele.

— O que você está fazendo, Jennifer? É a namorada de Mike.

Ela deu um sorriso sedutor e inclinou-se para beijá-lo.

— Como afirmei na roda-gigante, ninguém jamais saberá.

Fred pulou do sofá como se estivesse em chamas.

— Isso é errado.

Mil pensamentos atravessavam com rapidez a sua mente. Ele podia perder o seu melhor amigo. Sem mencionar que estava bem certo de que Jennifer tinha outra intenção que não apenas beijá-lo.

— Quem disse isso? — Ela levantou-se do sofá e caminhou em sua direção, puxando-o para beijá-lo. — Confie em mim.

Ao desvencilhar-se, Fred olhou-a firme nos olhos.

— Como Mike confia em você?

Surpresa e raiva transpareceram em seu rosto.

— Quem você pensa que é? Você *sabe* o que estou lhe oferecendo?

— Posso imaginar — replicou Fred. — E apesar de uma parte de mim se sentir tentada e lisonjeada, a outra parte — a maior parte —

não pode deixar nada acontecer. Não é só por Mike ser o meu melhor amigo, mas não acredito em sexo fora do casamento.

Enraivecida, Jennifer jorrava insultos sobre ele.

— Você não merece estar aqui. Pensa que é algum prêmio que eu conseguiria, depois de esmolar para ficar comigo? Não é nada para mim — apenas alguém para passar o tempo. Agora, saia já daqui!

Fred apanhou a jaqueta e saiu. Embora não desejasse, foi em direção à casa de Mike. Sabia que não poderia permanecer calado a respeito do que aconteceu. Ao perceber que devia ter dito alguma coisa mais cedo, Fred tentava imaginar como Mike reagiria — com raiva, culpa, mágoa. Independente disso, Fred tinha de deixar tudo às claras. Sabia que a raiva de Jennifer não desapareceria durante toda a semana, e Mike acabaria descobrindo. *Eu também posso lidar com isso agora*, refletiu Fred ao tentar pensar em como dizer a verdade para Mike.

Senhor, obrigado por me tirar de lá. Agora, ajude-me a contar para o Mike, orou.

LINK DA VERDADE:

Querido Jesus, ajude-me a ser forte quando me deparar com a tentação sexual. O Senhor sabe como são as coisas hoje em dia. Quero me abster do sexo, mas preciso da sua ajuda. Mostre-me as pessoas com quem devo me relacionar e com quem devo namorar. Amém.

IMPLEMENTAÇÃO DA VERDADE:

Por todos os lugares que olhamos, estamos cercados de apelo sexual. Os programas na TV fazem brincadeira a respeito. Os cinemas mostram tudo. A propaganda vende sexo. As pessoas acham normal haver sexo em qualquer relacionamento de namoro que dure mais de um mês. Entretanto, a verdade é que isso é especial e espiritual. Deus quer que você aproveite, mas dentro dos laços do matrimônio.

Deus não está castigando-o ao ordenar que o sexo deve ser guardado para o casamento. Pelo contrário, está o protegendo de muitas mágoas. Ao não fazer sexo, você fica de fora da zona de alto risco de gravidez não desejada, de doenças venéreas e de eternos corações partidos. Além disso, não estará cheio de arrependimento a respeito dos relacionamentos que foram longe e rápido demais.

Portanto, irá conhecer a realização espiritual e física que surge da experiência sexual com sua esposa. Independente de ser virgem ou não, tome a decisão hoje de guardar o sexo para o casamento. Você ficará feliz por isso.

A REALIDADE DISSO TUDO

Fantasia

DOWNLOAD:

Mesmo nos seus muitos sonhos, em todas as suas ilusões e em tudo o que disser, você deve temer a Deus. **Eclesiastes 5.7 (NTLH)**

— Você já viu o jogo *Avenging Riders*? — perguntou Alonzo enquanto mastigava o seu sanduíche de carne. — É tão legal. Tenho jogado na Internet com pessoas do mundo inteiro. Eu sou Goth, o *Bounty Hunter*. Na noite passada, cavalguei até uma cidade de alienígenas e libertei cinco dos meus companheiros. Foi o máximo!

— Li várias críticas sobre isso — afirmou Tom. — Parece incrível. Dizem que a arte gráfica está bem melhor do que qualquer outro jogo.

— E são totalmente assombrosos — muito melhor do que o *Quantum Nemesis* — replicou Alonzo. — Por que você não passa lá em casa depois da escola para ver?

— Seria ótimo. Vejo você na aula de Inglês — disse Tom ao sair da mesa do almoço para a sua próxima aula.

Depois da escola, Tom foi à casa de Alonzo. Ao olhar para a tela, não conseguia lembrar-se de já ter visto um jogo que parecesse tão realista.

— *Preciso* ter esse jogo — exclamou ele.

No sábado, Tom comprou o jogo em uma loja de software, instalou-o e devorou o manual de instruções. Estabeleceu o perfil do seu jogador e começou a jogar. Seu personagem, um negociante de armas vigarista chamado Quiznar, era robusto e imponente. Tom, o escolhera intencionalmente pelo seu tamanho e força. Os outros personagens o respeitavam à primeira vista.

Durante um dia e meio, Tom continuou jogando. Familiarizava-se com o mundo computadorizado. Encontrava-se com outros jogadores, formava ligas estratégicas e aprendia como manejar as armas.

Tom sentia-se invencível.

Na segunda-feira, juntou-se a Alonzo no almoço.

— Cara, eu *adoro* esse jogo! Fico ligado nele um tempão.

Alonzo concordou, o jogo era ótimo. Eles passaram o período inteiro do almoço conversando sobre o final de semana de jogos, discutindo estratégias e regras.

Durante as duas semanas seguintes, sempre que Tom não se encontrava na escola, estava jogando *Avenging Riders*. Ele progredia cada vez mais no jogo, tornava-se mais forte e ganhava mais pontos. À noite, jogava o mais que podia. Aguardava os finais de semana, quando jogava o dia todo de sábado, antes e depois da igreja no domingo.

Em uma certa segunda-feira, durante o almoço, Alonzo perguntou:

— Como você se saiu no projeto de Inglês?

Tom o encarou de forma inexpressiva.

— Lembra? O projeto que a gente tinha de entrevistar as pessoas sobre a importância da comunicação no local de trabalho?

Tom balançou a cabeça e deu de ombros:

— Eu me esqueci completamente disso.

— Como você pôde esquecer uma coisa que vale 30% da nota? — Alonzo o fitava chocado. — Se você não apresentar o trabalho, a nota mais alta que conseguirá é quatro.

Mais uma vez Tom deu de ombros com indiferença e voltou a comer o seu sanduíche de peru. Ele havia esquecido totalmente da tarefa. De fato, não pensava sobre a escola durante todo o final de semana, pois só jogava o *Avenging Riders*. Quando pensava a respeito do jogo, imaginava como seria se ele fosse Quiznar, um negociante de armas vigarista. Tom não teria de pensar sobre projetos de Inglês, almoços na escola ou amigos intrometidos. Podia sair porta afora, eliminando qualquer um que estivesse em seu caminho. Olhou ao redor do refeitório e planejou como Quiznar escaparia da sua fortaleza. Teria, é lógico, diversas armas escondidas no corpo, mas ninguém o deteria, de qualquer forma. Eles ficariam temerosos demais da sua força. Era uma pessoa perigosa que não respeitava ninguém.

Após a escola, Tom refugiou-se em seu quarto para jogar o *Avenging Riders*. Ele não havia desligado o seu computador desde que iniciara o jogo. Jogava antes e depois da escola. E mesmo durante as aulas, fazia planos sobre o que faria e para onde iria.

No dia seguinte, Alonzo convidou:

— Tom, você quer vir à minha casa neste final de semana? Acabei de comprar o "Ataque dos Clones" em DVD. Deve ser divertido assistir aos extras.

Tom refletiu a respeito, entretanto não conseguia nem pensar em deixar o computador. Ele havia acabado de passar de nível e estava quase conseguindo ser um jogador *master*. Não podia desistir agora.

— Obrigado, mas não posso. Tenho outras coisas a fazer neste final de semana.

— Como o quê? — perguntou Alonzo.

— Acabei de passar o Trafalgar Gate. Não posso parar bem agora. Sou quase um *master*. Se eu pudesse descobrir como... — ele se deteve ao ver a reação de Alonzo.

Alonzo franziu o cenho:

— Cara, você sabe que é só um jogo, certo? Não é um negociante de armas vigarista de verdade. É só um cara que está jogando no computador. Quantas horas você gasta com essa coisa, afinal?

— Eu não sei. Talvez sete.

— Sete horas por semana?

— Não, sete horas por dia. E não é *apenas* um jogo — explodiu Tom. — Eu investi muito tempo nisso. E não vou perder a oportunidade de ser *master*. Você não entende. É importante.

Alonzo olhou para ele chocado.

A VERDADE DESPLUGADA:

Sua mente é um presente precioso de Deus para você, que deve ser exercitada e controlada. Não permita que pensamentos destrutivos o consumam. Pelo contrário, pense nas coisas boas que produzem vida em você.

— Você está indo longe demais com isso. Está gastando sete horas por dia; é perto de cinqüenta horas por semana. Cara, você está obcecado.

— Isso é loucura! — esbravejou Tom.

Se isto fosse o universo dos Avenging Riders*, Alonzo já era*, pensou ele. Admirado com os próprios pensamentos, parou e se virou para observar Alonzo ir embora. Tinha mesmo desejado matar o seu melhor amigo? De onde veio essa idéia?

Ao longo do resto do dia, pensou sobre o que o amigo lhe dissera. Será que era verdade? Estava mesmo obcecado com o jogo *Avenging Riders*? Sabia de pessoas que haviam ficado viciadas em vídeo games, no entanto, com certeza não caíra nessa categoria. Então, de novo, ele não queria pensar nisso como um jogo. Gostava de ser Quiznar, forte e poderoso, e ter pessoas que sentissem medo dele. Tinha prazer em controlar a vida e a morte dos outros. Apreciava o respeito que receberia por ter o título de jogador *master*.

Todavia isso era bem diferente da vida real, em que se sentia como um estranho na maior parte do tempo. É claro que as pessoas o achavam inteligente, mas muitas delas não queriam necessariamente estar perto dele. Ele não era forte nem poderoso. Era mediano em tudo: altura mediana, peso mediano, aparência mediana e habilidade atlética mediana. Nada a seu respeito o destacava.

Depois da escola naquele dia, Tom jogou vídeo game com menos entusiasmo. Percebia os outros jogadores esquivando-se, correndo e lutando, porém sentia-se vazio. Nas últimas semanas, a sua vida girara em torno do computador e o que ele tinha para mostrar com isso? Suas notas tinham despencado. Havia excluído mentalmente tudo na sua vida, mesmo que ainda fingisse que fazia outras coisas. E agora estava brigando com o seu melhor amigo. Pela primeira vez, se questionou se os jogos realmente valiam à pena. Se continuasse nesse caminho, sua vida ficaria mais limitada. Entretanto, dava para desistir de tudo agora? Ele lutava com a questão sobre o que fazer.

Sem pensar, estendeu a mão e apertou o botão de desligar do computador. Num *flash*, a tela ficou preta. Seu coração disparou. Em segundos, suas emoções oscilaram da alegria ao medo, da felicidade à agonia. Ele havia desligado o jogo.

Ao dar as costas para o computador, sentia como se este o perseguisse. Quando permiti que essa coisa se tornasse tão grande? Quando deixei que isso fosse uma parte minha? Quando havia ficado tão ligado nele?

Engatinhando sobre a cama, pegou o telefone e discou o número de Alonzo.

— Eu desliguei — afirmou Tom calmamente, sem se identificar.

Ele continuava a olhar para o computador.

— Muito bom, cara, fico contente. Estava começando a me preocupar com você — respondeu Alonzo.

— Você quer que eu vá até aí?

— Não sei. Sinto-me bem estranho, como se não soubesse o que fazer comigo mesmo.

— Acho que isso se chama retirada. Estarei logo aí — retrucou o amigo.

Ao desligar o telefone, Tom olhou ao redor do quarto. Sentia-se como se estivesse saindo de um nevoeiro. Era a primeira vez em semanas que ele via — realmente via — alguma coisa. Percebeu que o chão estava coberto de roupas sujas e lixo. Seu quarto precisava de uma limpeza. *É por onde vou iniciar*, refletiu ele ao começar a se mover pelo quarto. Enquanto limpava o chão e guardava as coisas, sua mente começava a se limpar também.

LINK DA VERDADE:

Querido Jesus, obrigado por me dar uma mente clara e por ajudar-me a manter minha mente alerta. Ajude-me a evitar pensamentos destrutivos e qualquer coisa que possa controlar os meus pensamentos. Ajude-me a preencher a minha mente com boas coisas da sua Palavra. Amém.

IMPLEMENTAÇÃO DA VERDADE:

Deus deu a você uma ferramenta poderosa — a mente. Ele lhe deu a imaginação e a habilidade de sonhar, no entanto, tome cuidado e não permita que seus pensamentos se tornem obsessivos ou destrutivos. Não deixe que se torne escravo da sua imaginação ao entreter pensamentos de ódio, violência ou luxúria. Se você se distrai com esses pensamentos, começarão a alterar sua visão da vida e das pessoas de sua relação. Pensamentos destrutivos começarão a afetar a maneira que você vive.

Deus tem muito mais para você. Deseja usar sua mente para os planos dEle, para o seu próprio bem e o bem dos outros, e não para as trevas. Quando pensamentos negativos lhe ocorrerem, pare e peça a Deus para ajudá-lo a controlá-los. Ler a Bíblia o auxilia a pensar como Deus pensa e a refletir sobre o plano que tem para você. Pode levar algum tempo, mas o Senhor o ajudará a treinar a mente para pensar em coisas boas.

ACENDA A LUZ

Encorajamento

DOWNLOAD:

O Senhor Jeová me deu uma língua erudita, para que eu saiba dizer, a seu tempo, uma boa palavra ao que está cansado. Ele desperta-me todas as manhãs, desperta-me o ouvido para que ouça como aqueles que aprendem. **Isaías 50.4**

Lino tomou seu lugar perto da janela na classe turística do avião, enfiou sua mochila sob o assento da frente e observou animadamente os funcionários da companhia de viação transportarem as malas e se dirigirem aos outros aviões. Ele estava a caminho de visitar seus avós no sítio, e mal podia esperar para chegar.

Todo verão seu pai fazia com que fosse visitá-los para que pudesse andar a cavalo e "ficar em contato com suas raízes", conforme ele dizia. Sendo arquiteto, tinha de morar na cidade, no entanto, Lino sabia que seu pai sentia falta do campo. Entendia que era importante para ele Lino também amar a vida no campo, e ele amava. Sonhava ser veterinário e ter uma fazenda e animais algum dia.

Ao seu lado, sentou-se uma mulher. Ela se movimentava rápido e com decisão. Tudo nela — o conjunto bem talhado, o cabelo penteado, as jóias de pérola e a bolsa Louis Vitton — exclamava que se tratava de mulher de negócios séria. *Acho que é advogada de alguma empresa*, pensou Lino enquanto olhava para os próprios jeans e a blusa de moletom. A mulher ajeitou-se na poltrona, tirou da maleta uma grande pasta de arquivos e entulhou suas coisas sob o assento da frente. Então, começou a ler os documentos, absorta de todos ao redor.

Com certeza uma advogada, refletiu Lino ao olhar de relance os documentos de aparência formal que a mulher lia.

Voltando a atenção de novo para os funcionários do lado de fora do avião, sentiu a excitação que sempre lhe ocorria quando voava. Ele adorava isso, embora soubesse que muitas pessoas odiavam andar de avião. O menino adorava a sensação de planar pelo ar, atravessar o país em questão de horas e ver pessoas do mundo inteiro. Observando os outros passageiros — todos de idades e raças diferentes —, ele se questionou: *Para onde estão indo? De onde são? Por que estão viajando? Eles são como eu, indo visitar a família ou estão viajando a negócio?* Lino adorava imaginar as histórias de cada um. Examinando uma mulher já idosa sentada na poltrona do outro lado do corredor, presumia que estivesse a caminho de visitar o seu novo netinho. E o rapaz com aparência de técnico ao lado dela, rumo a uma convenção da Jornada nas Estrelas. *Ah sim,* refletiu ele, sorrindo para si, *com certeza um adepto dessa série televisiva.*

Depois da decolagem, Lino retirou o CD player da mochila e se recostou para fazer uma viagem tranqüila. Pouco depois, a aeromoça apareceu com bebidas e o almoço. Lino tirou os fones de ouvido e desembrulhou o sanduíche de peru. Então, a mulher ao seu lado se apresentou como Margareth.

— Qual música você está ouvindo? — perguntou.

Engolindo um pedaço de sanduíche, respondeu:

— *Beveled.*

— Não conheço — replicou ela, enquanto abria o seu lanche.

— É uma nova banda cristã.

Margareth deu um olhar de surpresa em direção ao garoto.

— Você é crente?

Quando Lino afirmou que sim, a mulher fez uma careta.

— Eu não sou religiosa. Não consigo me convencer de que há um Deus lá em cima que sabe o meu nome. Tudo parece uma fantasia.

Lino sorriu, mas não respondeu imediatamente, pensando na época em que teria concordado com ela. Ele sempre ia à igreja no Natal e na Páscoa, parecia tudo repetição e um monte de fábulas. Contudo, Lino tinha visto a verdade.

— Em certa época teria concordado com você — declarou com simplicidade —, entretanto, depois percebi que há um Deus que se importa. Isso mudou a minha vida.

Margareth lhe deu um sorriso brando.

— E o que o fez mudar de idéia? — questionou, como se esperasse que Lino revelasse alguma abordagem trivial da vida.

— Minha mãe morreu — proferiu o garoto rapidamente. — E ninguém conseguia me consolar — nem minha família, nem meu conselheiro, nem os amigos. Ninguém. Então, um dia, orei, e foi como se uma coberta de amor caísse sobre mim. Eu não conseguia tirar da cabeça uma coisa que tinha ouvido na igreja na Páscoa. Daí, voltei. Era como se alguém acendesse as luzes dentro de mim.

Margareth parou de comer enquanto Lino falava. Depois, continuou comendo o seu lanche em silêncio, como se estivesse analisando o que ele havia dito.

Lino não se via como evangelista e não costumava falar de Jesus com todos os estranhos que encontrava. Todavia, se necessário, falava. Jesus havia mudado a sua vida, e ele estava convencido disso. Lino não havia crescido freqüentando a Escola Dominical, nem conhecendo todos os pormenores do cristianismo. Pelo contrário, encontrara a sua fé do nada. A não ser pelos sermões de Páscoa e Natal, não sabia de mais nada. Por isso, na ocasião em que sua vida mudou, quando finalmente sentiu-se vivo de novo após a morte da mãe, soube que era real. Não havia outra explicação.

— Você acha que Deus ouve as suas orações? — interrogou Margareth calmamente.

Lino percebeu que Margareth não parecia mais a tola mulher de negócios de antes. Mostrava-se insegura e até temerosa.

— Sim, acho. Ele nem sempre as responde do jeito que quero, mas creio que ouve e responde às minhas orações.

Margareth permaneceu silenciosa como se estivesse avaliando a resposta de Lino.

— Sabe para onde estou indo? — sem dar tempo para ele responder, completou: — Ao funeral de meu pai.

— Sinto muito — falou Lino gentilmente.

— Está tudo bem, na verdade, a gente não se dava bem. Ele não esteve muito por perto enquanto crescia, mas eu achava que... esperava que ainda tivéssemos tempo de acertar as coisas.

Lino não sabia o que dizer. Sentiu que essa mulher estava ferida.

— Talvez você devesse orar sobre isso.

A mulher virou-se para ele e, então, com um balançar de cabeça, rejeitou a idéia:

— Ele não me ouviria.

— Pode ser que você se surpreenda com o resultado. Como disse, orar mudou a minha vida. Se quiser, oro com você — sugeriu Lino observando as lágrimas nos olhos da mulher, quando disse que aceitaria.

A VERDADE DESPLUGADA:

As palavras que você profere podem trazer cura nas situações difíceis.

Gentilmente, Lino pegou na mão da senhora e fechou os olhos. Ele orou para que Margareth tivesse paz e consolo nessa fase difícil. Orou também para que Deus a ajudasse a não fechar o coração para o seu pai e, em seguida, orou para que Margareth percebesse que Jesus a amava.

Quando terminou a oração, Margareth secou as lágrimas dos olhos. Durante o restante da viagem, conversaram sobre a vida de cada um. Lino lhe contou sobre as suas férias de verão e o sítio dos seus avós, e Margareth falou sobre o seu apartamento num prédio alto e a sua carreira. Quando chegaram ao aeroporto, Lino e Margareth se despediram, sendo que Lino prometera que continuaria a orar por ela. Assim que se uniu aos seus avós, sentiu que tinha acabado de ganhar uma amiga. Ainda que provavelmente eles não se vissem de novo, Lino sabia que ambos haviam compartilhado um momento importante. Lino estava no lugar certo na hora de necessidade de Margareth. A percepção de que Deus colocara os dois perto um do outro naquele vôo era apenas mais uma razão para Lino crer nEle.

LINK DA VERDADE:

Querido Jesus, ajude-me a perceber os lugares onde eu posso encorajar os outros. Quero ser sensível às pessoas quando precisarem ouvir que o Senhor as ama. E quando o momento vier, vou compartilhar as suas palavras de esperança. Amém.

IMPLEMENTAÇÃO DA VERDADE:

Você já passou por uma situação em que gostaria de encorajar ou ajudar alguém a atravessar uma hora difícil, mas não tinha certeza sobre o que dizer? Isso acontece com todo o mundo. Por vezes, a pessoa com problemas

precisa que você a ouça, ofereça apoio ou faça algo por ela. Nesses momentos, não subestime a oração. Às vezes, a sua simpatia e conselho não são o melhor remédio. Mesmo que não ore em voz alta, ainda pode orar em silêncio para que Deus lhe dê as palavras para falar. Ao fazer isso, você se tornará o instrumento que Deus usará, a fim de ajudar alguém ferido.

A BÊNÇÃO DE MORAR EM CASA

Pais Difíceis

DOWNLOAD:

Tu mudaste o meu choro em dança alegre, afastaste de mim a tristeza e me cercaste de alegria. **Salmos 30.11 (NTLH)**

— Leo, onde você está? — seu pai vociferava enquanto andava pelo quarto. — Por que o jantar não está pronto? Você é imprestável. Trabalho o dia inteiro e tudo o que lhe peço é para evitar que a casa pareça um chiqueiro, a fim de que possa ter uma refeição decente à mesa. Seu inútil — e jogou a jaqueta sobre a mesa da sala de jantar, cobrindo os pratos que estavam postos para a janta.

Ao ouvi-lo, Leo parou de fazer a sua lição de casa e retornou à cozinha para terminar o jantar.

— Já está pronto. Estava esperando por você — contrapôs ele. Sabia que não adiantava, porém às vezes não conseguia evitar retrucar só um pouquinho.

— Você quer dar um de esperto para cima de mim? Coloquei um teto sobre a sua cabeça e me esforcei para que tivesse comida para comer, e só quer me aborrecer? — ele o encarou, pronto para uma briga.

Leo poderia ter dito que seu pai estava de mau humor, mas não ia adiantar. O melhor a fazer era ficar fora do seu caminho. Sem dizer nada, preparou os pratos. Depois, sentaram-se à mesa e começaram a comer. Depois de algumas garfadas, o pai afastou o prato.

— Você não consegue fazer uma simples refeição sem ter um gosto de lixo?

Levando o prato para a pia, jogou o jantar no lixo e o prato sobre o balcão com um estalo.

— Estou saindo. Faça com que este lugar fique limpo até eu chegar.

Atordoado, Leo terminou o jantar e limpou a cozinha. Conhecia os sinais. Quando seu pai voltasse, precisava estar fora de sua vista. Há dois anos, sua mãe os abandonara. Leo ainda não entendia por que sua mãe não o levara também. Esse fato ainda o atormentava.

Seu pai sempre fora difícil. Ele estava com raiva a maior parte do tempo, gritava e até batia em quem estivesse por perto. Assim foi essa noite, uma noite para ficar bêbado e quebrar alguma coisa. Na verdade, Leo preferia que saísse, embora acabasse indo a um bar da esquina. Talvez descontasse a raiva em alguém ali, ou ficasse tão cansado ao voltar para casa que iria direto para cama. A maior parte do tempo, conseguia dar conta do pai e, quando as coisas ficavam ruins demais, o garoto dormia na casa de um amigo ou do lado de fora — qualquer lugar onde não pudesse encontrá-lo. Geralmente, pela manhã, ele esquecia ou negava qualquer coisa que tivesse feito ou dito na noite anterior.

Enquanto a noite transcorria, Leo terminou sua tarefa de casa e preparou-se para o dia seguinte. Uma vez que trabalhava depois das aulas, tinha de preparar tudo, para que pudesse mudar rapidamente de uma coisa para outra no dia seguinte. Leo também levava tempo para limpar o banheiro e passar o aspirador de pó. Olhando a sala de visitas, decidiu tirar o pó e limpar as janelas mais tarde. No geral, a casa parecia bem limpa e arrumada. Pelo menos, seu pai não explodiria por causa disso.

Na manhã seguinte, antes da escola, sua amiga Ana o encontrou na sala de armários.

— Oi, alguns de nós vamos a um show no final da semana que vem. Haverá a apresentação de algumas bandas, entre elas a *Charged* e a *Effervescence*. Você ouviu tocar os CDs. Quer ir?

Leo ponderou.

— Quanto vai custar isso? — perguntou ele, pois tinha de passar apertado com o seu dinheiro. Embora ganhasse dinheiro com o bico depois das aulas, a maior parte entrava na poupança para a faculdade. Ele tinha cerca de quarenta dólares para gastar e, com certeza, não podia desperdiçá-lo.

— Apenas vinte e cinco — respondeu Ana. — Vamos. Será divertido.

Ana constantemente convidava Leo para ir a eventos cristãos. A maior parte dos amigos de Ana era cristã, e Leo sempre se divertia quando se juntava a eles. A maioria era de fato legal e sempre o fazia sentir-se bem-vindo.

— Vou pensar — disse ele.

Depois da escola, foi trabalhar servindo mesas em um restaurante do centro. Trabalhava das 3 às 6 horas da tarde todos os dias da semana e também sábado sim, sábado não. Embora o salário não fosse bom, juntava uma boa grana em gorjetas dos tipos profissionais.

A VERDADE DESPLUGADA:

Se você tiver pais difíceis, Deus pode mudar os corações e lhe dar a bênção de morar com eles.

Mais tarde, em casa, pôs a mesa para o jantar e desembrulhou o recipiente de rosbife e purê, que trouxe para casa do restaurante. Seu pai chegava em casa por volta das sete horas todas as noites. Sentavam-se juntos à mesa de jantar, embora Leo não soubesse a razão, uma vez que raramente se falavam. Apenas sabia que se não tivesse a mesa posta e o jantar pronto, seu pai explodiria. Sempre o fazia o lembrava de que "era o mínimo que podia fazer".

— Pai, minha amiga Ana me convidou para ir a um show neste sábado — começou a dizer com cuidado. — É um show cristão, por isso não será perigoso ou coisa assim. Não estarei aqui para o jantar, mas deixarei tudo pronto para você.

Ele não respondeu por alguns segundos. Sua cabeça mantinha-se inclinada em direção ao prato enquanto comia.

— Desperdício de dinheiro — murmurou. — Não vou pagar.

— Eu tenho dinheiro. Na verdade não é tanto assim.

Não respondendo depois de alguns minutos, interrogou:

— Então, posso ir?

— Não me importo com o que você faz — respondeu ele enquanto se levantava para deixar a mesa. — Só não volte para casa bêbado, pisoteado ou atropelado. E se for jogado na cadeia, não me chame. — E saiu da cozinha.

No sábado, Leo curtiu o show. Embora não conhecesse as canções, mesmo assim gostou de gritar, bater palmas e dançar com o resto da multidão. No final do último bloco de canções, o cantor líder convidou quem não havia aceitado Jesus como seu Senhor e Salvador pessoal para ir à frente para ser orado por alguém. Ele disse que Jesus amava cada pessoa exatamente do jeito que era, e por causa desse amor, Ele havia morrido pelos pecados dessa pessoa. Tudo o que a pessoa tinha de fazer era aceitar o seu amor, renunciar a velha maneira de ser e viver a vida para Jesus.

Leo não compreendia tudo o que o cantor dizia, entretanto sabia que queria o tipo de amor sobre o qual ele falou. De repente, antes que se desse conta, seguiu pelo corredor e caminhou em direção à frente. Um rapaz do colégio chamado Todd o encontrou, deu-lhe um abraço e orou com ele. Incapaz de acreditar na paz e no amor que caíam sobre ele, Leo se pôs a chorar.

Toda a dor que ele enterrara bem fundo dentro de si, viera à tona. Sentiu a dor de quando sua mãe o abandonara. Sentiu a pontada das palavras cruéis de seu pai. Sentiu a dor por estar tão só, não ser amado nem desejado. Sentiu o peso de tanta responsabilidade o tempo todo. À medida que todo o sofrimento vinha à superfície, sentia uma força varrendo tudo para fora. Quanto mais tempo ficava, mais luz ele sentia.

Em seguida, Ana deu-lhe um tapinha nas costas.

— Estou muito feliz por você ter ido à frente e orado. Tenho orado por você há muito tempo.

— É mesmo? — perguntou Leo admirado.

Ana consentiu com a cabeça.

— Eu sei que as coisas não são fáceis para você, Leo. Nunca diz nada, no entanto, posso sentir. É bom que não tenha de dar conta de tudo isso sozinho.

Leo sorriu e confirmou.

— É muito bom saber disso.

O restante da noite transcorreu tranquilamente. Leo não conseguia se lembrar de quando havia sido tão feliz. Ele conversou com os outros em seu caminho para casa. Ao entrar em casa, ouviu a respiração lenta e estável de seu pai na sua poltrona. Adormecera em frente à TV. Observando-o dormir, Leo sabia que não tinha mudado, mas a sombria paralisação que sentia tinha ido embora. Agora ele apenas sentia paz, e isso era o bastante para o momento.

LINK DA VERDADE:

Querido Jesus, você sabe como é o meu lar. Sabe quando falta amor e paz. Oro para que o Senhor continue a trabalhar nos meus pais para que um dia venham a conhecê-lo. Até lá, oro para que você me dê a bênção de viver com eles. Amém.

IMPLEMENTAÇÃO DA VERDADE:

Não seria bom se todos tivessem uma família amorosa que escutasse, amasse e desejasse o melhor um para o outro? Talvez você esteja vivendo em uma situação totalmente oposta a esta. Seus pais podem ser viciados em droga ou alcoólatras. Alguém em sua casa pode ser física ou verbalmente abusivo. Se você estiver em perigo ou for tão ruim que precise sair, consiga a ajuda de um conselheiro da escola, pastor ou outro adulto. Ou, pode ser que precise da bênção de Deus para ajudar a morar ali.

Lembre-se de que somente Deus pode mudar o coração de seus pais e, mesmo assim, eles devem tomar a decisão de permitir que Deus mude a vida deles. Até lá, continue orando por eles. Peça a Deus para ajudá-lo a morar com eles e a encontrar amigos cristãos que o apóiem. Não acredite que as ações de seus pais sejam culpa sua. Não fique envergonhado e nem sinta que deve haver algo errado com você. Não há. Deus está trabalhando em seu favor. Ele deseja ajudá-lo.

BEM DIANTE DOS MEUS OLHOS

VERDADE DESPLUGADA

Pornografia

DOWNLOAD:

Porque já estais mortos, e a vossa vida está escondida com Cristo em Deus. [...] Mortificai, pois, os vossos membros que estão sobre a terra: a prostituição, a impureza, o apetite desordenado, a vil concupiscência e a avareza, que é idolatria. **Colossenses 3.3,5**

Cativado, Jaime olhava as imagens na tela do computador. Embora tivesse sido alertado para não visitar sites de pornografia, não conseguiu evitar a curiosidade. A princípio, havia ficado chocado pelo que vira, no entanto, aos poucos, superara o choque. Agora, ansiava por isso. À noite, depois que sua mãe ia dormir, Jaime navegava pela Internet. Sua fascinação havia começado bem inocentemente. Apenas digitava uma ou duas palavras, todavia, depois de um tempo, olhava de perto centenas, talvez até milhares de fotos de mulheres de verdade.

Jaime sabia que as pessoas aconselhavam a não acessar essas imagens, e, é lógico, sua mãe não aprovaria. Porém, depois de contemplá-las diversas vezes, não tinha certeza se haveria problema. Claro que se sentia um pouco culpado, mas isso passava logo. Não era como se estivesse magoando alguém.

No dia seguinte, Jaime juntou-se aos seus dois melhores amigos, Leandro e Michelle, no Taco Bell para comerem um lanche depois das aulas. Eles gostavam de freqüentar esse lugar pelo menos uma vez por semana. Era divertido conversar e fazer brincadeiras com esses amigos, que conhecia desde o jardim da infância. Depois de confessar que visitava sites pornográficos, os dois amigos olharam para ele chocados.

— Isso é tão nojento! — respondeu Michelle. — Por que você quer olhar essas coisas, Jaime?

— Qual o problema? — ele retrucou. — São apenas fotos. Não é como algo real, mulheres nuas aparecendo no meu quarto.

— Não que você se importaria se isso acontecesse — zombou Leandro, levantando as sobrancelhas para cima e para baixo.

Jaime deu uma risada enquanto Michelle olhava horrorizada para Leandro e Jaime.

— Não é engraçado. É doentio!

Durante as semanas seguintes, Jaime continuou a navegar nos sites da web. Ele até visitou alguns sites com vídeos para download, para que pudesse assistir aos filmes. Começou a sonhar acordado com os filmes e as fotos que tinha visto, e a imaginar diferentes cenários em sua mente. Fantasiou sua jovem professora de Educação Física num dos seus trajes nos cenários que ele tinha visto. Fantasiava com Alexa Michaels, a célebre jogadora de basquete, fazendo uma das coisas que ele vira nos filmes.

— Feche a boca — mandou Michelle certo dia enquanto ela e Jaime estavam assistindo Alexa treinar na quadra de basquete.

— O quê? Eu não estava fazendo nada — respondeu Jaime constrangido por ter sido pego nos seus devaneios.

— Estava, sim. Você estava a ponto de ofegar. O que há com você, afinal? — interrogou Michelle, dando um empurrão no ombro dele.

— Nada — afirmou Jaime. — Só estou vendo ela jogar.

Michelle observou-o por um instante, mas Jaime não a olhava nos olhos, com medo de que ela percebesse a verdade.

Na semana seguinte, os três amigos encontraram-se no Taco Bell de novo. Jaime percebeu um casal entrar e fazer o pedido. Ao observar a mulher, ele a encarou atraído. Alguns poderiam chamá-la de voluptuosa, porém o rapaz só achava que ela era *sexy*. Na sua mente, aos poucos, ia tirando as roupas dela.

— Alô-ô! — disse Michelle, balançando a cabeça dele como se tentasse libertá-lo da visão.

Leandro deu uma risada.

— Cara, você estava viajando — comentou, ao observar a mulher. — Está gostando da vista?

Jaime encolheu-se enquanto Michelle balançava a cabeça.

A VERDADE DESPLUGADA:

A pornografia machuca todo o mundo ao degradar os outros e impedir que você tenha relacionamentos gratificantes.

— Você estava tirando as roupas dela em sua mente, não estava?

— Não! — mentiu Jaime. Michelle continuava a encará-lo com um olhar que dizia não estar acreditando nele.

Na semana seguinte, depois da escola, Jaime percebeu que Michelle estava usando uma nova blusa cor-de-rosa. Ela estava muito bonita nela.

— Bonita blusa — comentou ele, deixando que os olhos a percorressem de cima a baixo.

Calmamente, ela respondeu meio cismada:

— Obrigada.

— Você devia usar mais blusas como essa. Elas realmente destacam o seu corpo — falou ele, depositando o olhar no restante do corpo da menina.

Michelle pegou a mochila para colocá-la na sua frente e a abraçou fortemente.

— Fique longe de mim, Jaime. Você me dá nojo!

— O quê? — perguntou Jaime com falsa inocência.

Os olhos de Michelle ficaram duros.

— *Não sou* uma das suas fantasias doentias. Não olhe para mim como se eu fosse uma das levianas daqueles sites que você visita — afirmou ela elevando a voz de raiva.

Constrangido, Jaime olhou para o outro lado, quando as pessoas ouviram-na gritar com ele.

— Acalme-se, Michelle. Só estava fazendo um elogio.

— Dá um tempo. Olha para mim como se eu fosse um pedaço de carne, e ainda espera que eu fique grata. Você está mesmo doente. Fique longe de mim! — esbravejou.

Leandro, que estava parado a pouca distância, juntou-se a Jaime.

— O que está acontecendo?

Alvoroçado, Jaime tentou explicar:

— Apenas disse que ela estava bonita, e ela surtou.

Leandro fitou-o por alguns segundos.

— Se você olhou para ela como tem olhado para as outras garotas ultimamente, então ela tem razão.

— O que isso quer dizer? — perguntou Jaime chocado.

— Significa: Tire a cabeça do esgoto. Olhe, Michelle é minha amiga também, e não fica zangada por qualquer coisa. E você tem olhado para as meninas como se estivessem dançando nuas num mastro. Apenas junte os fatos — declarou Leandro e saiu.

Jaime caminhou para fora da escola sentindo-se confuso. Havia sido tão transparente a ponto de todo o mundo poder dizer o que estava pensando? Ele realmente se permitia ver Michelle como uma das mulheres dos sites? Refletindo sobre isso, percebeu que era verdade. Ele *tinha tratado* Michelle como um pedaço de carne. De fato, via a maior parte das mulheres como se fossem imagens de um dos sites de pornografia. Seu rosto queimava de constrangimento e vergonha.

Com a esperança de que Michelle o perdoasse, decidiu lhe pedir desculpas. Não sabia muito bem como resolveria isso com a amiga, todavia a amizade deles era muito antiga para simplesmente jogar fora. Também precisava agradecer Leandro por lhe dizer a verdade. Ele sabia que teria de esforçar-se a fim de parar de olhar as fotos, uma vez que isso se tornara parte habitual de sua vida, além de serem tão acessíveis. Contudo, finalmente percebera como a pornografia realmente prejudicava as pessoas. Se não desistisse, com certeza perderia os seus melhores amigos. E dessa maneira não valia a pena.

LINK DA VERDADE:

Querido Jesus, ajude-me a ficar longe da pornografia e de todas as imagens e pensamentos que não são de Deus. Quero guardar os seus pontos de vista para que possa ficar longe de qualquer imagem ou pensamento que esteja fora da sua vontade, não importa se esteja em fotos, filmes ou músicas. Obrigado por me dar uma nova perspectiva, por isso não verei as pessoas de maneira humilhante. Amém.

IMPLEMENTAÇÃO DA VERDADE:

Você já ouviu pessoas tentando racionalizar a pornografia? Elas afirmam que é arte ou liberdade de expressão e declaram que não há nada de

errado com isso. O problema é que essas imagens degradam as pessoas, e isso é errado.

Se você se permitir ver e ter sempre nos pensamentos tais imagens, a luxúria começará a consumi-lo. Você não será mais capaz de encarar as pessoas com respeito e apreciação. Pelo contrário, começará a medi-las pelas imagens que viu. No final, a pornografia acabará magoando-o também, impedindo-o de ter relacionamentos compensadores e saudáveis, porque você não consegue tirar as imagens da sua mente.

A melhor maneira de evitar tais conseqüências é recusar-se a dar atenção à pornografia. Porém, se já está fazendo isso, pare imediatamente e peça a Deus para perdoar e purificá-lo. Em seguida, recuse-se a dar atenção às imagens pornográficas de novo. Deus lhe dará força para conseguir isso.

FAZENDO O TEMPO VALER A PENA

Verdade Desplugada

Atitude

DOWNLOAD:

A alegria faz bem à saúde; estar sempre triste é morrer aos poucos. Provérbios 17.22 (NTLH)

— Boa noite, bem-vindo ao Sub Shack. O que vai pedir esta noite? — perguntou Bill pelo microfone.

— Vou querer um sanduíche grande de carne assada com tudo nele, um saquinho de batatas fritas e uma Coca média — pediu o cliente sem rosto.

Bill deu ao cliente o total e, em seguida, dirigiu-se ao balcão para preparar o sanduíche. Ele precisava trabalhar e o Sub Shack era o único *fast-food* que fechava aos domingos para ele poder ir à igreja com a família. A princípio, achava que ia ser legal uma vez que gostava de sanduíches. Entretanto, agora, só de ver uma tábua enorme de carne processada para o almoço o deixava enjoado, sem mencionar os cheiros — cebolas, pickles, pimenta malagueta. E ainda havia o adesivo da marca de refrigerante que cobria o assoalho e os balcões. Ele odiava isso também.

Bill decidira arranjar um emprego, porque precisava de dinheiro para pagar a gasolina do seu carro, comprar roupas e sair com os amigos. Agora, a maior parte de suas noites eram gastas trabalhando ou pondo em dia as suas tarefas de casa. Era um círculo vicioso.

Por que não nasci rico?, questionava-se constantemente.

— Bill, já está pronto o sanduíche de carne? — perguntou o seu gerente Chuck.

Bill espalhou de qualquer jeito o conteúdo no sanduíche e começou a embrulhá-lo.

— Sim, já está pronto — respondeu com indiferença.

Chuck aproximou-se.

— Ei, que tal fazer isso um pouco mais caprichado? — interrogou ele exasperado.

— O que importa? Nunca saberão.

— Importa sim — afirmou o gerente secamente. — Agora conserte ou faça outro.

Bill olhou para ele com pasmo e revirou os olhos ao desembrulhar o sanduíche. Os conteúdos estavam misturados de qualquer maneira. Bill balançou a cabeça e resmungou, suspirando.

— É apenas um sanduíche. Quem se importa como ele se parece?

No final da noite, Chuck aproximou-se de Bill e anunciou:

— Bill, preciso que você venha às 14 horas, no sábado. Melanie não pode trabalhar nesse dia e Daiana chegará às 18 horas. Posso contar com você?

Bill olhou para ele.

— Mas não era para eu chegar às 16 horas.

— Eu sei — concordou Chuck enquanto fazia anotações na agenda —, porém estou com falta de pessoal e escolhi você para vir mais cedo.

— E por que a Melanie não pode trabalhar? — perguntou Bill meio frustrado.

Chuck parou de escrever na prancheta e virou-se para o garoto, dizendo:

— Ela tem uma atividade em família nesse dia. Por isso, me pediu para dispensá-la.

— Está bem — declarou ele entediado e saiu. Percebeu que Chuck o observava, no entanto, não ligou. Não é que Bill tivesse planos no sábado à tarde, mas não queria chegar cedo. *Isso é ridículo*, pensou.

Na semana seguinte, quando Bill chegou ao trabalho, percebeu um novo colega de trabalho.

— Bill, este é Tomas. Ele é novo. — Bill sorriu e o cumprimentou. O rapaz parecia bastante legal.

Quando o turno de Tomas acabou, Bill percebeu que trabalhou com afinco. Ele varria e esfregava o chão, arrumava as prateleiras de verdura, limpava a dispensa de refrigerante e desempacotava novos suprimentos.

— Você pode fazer devagar, sabia? — sugeriu Bill. — Não estamos em uma competição.

— Não gosto de ficar sem fazer nada. Gosto de me manter ocupado — assegurou Tomas enquanto ia limpar as mesas.

Depois de trabalharem alguns turnos juntos, Bill percebeu que o entusiasmo do rapaz não havia diminuído. Tomas ainda trabalhava mais do que todos. *Irá se cansar*, ria Bill por dentro.

Na semana seguinte, quando Bill reviu a escala, percebeu que havia sido escalado para apenas três noites, em vez das cinco noites habituais. *Finalmente*, pensou ele, *posso sair deste lugar.*

Embora gostasse das folgas, sentiu-se frustrado quando recebeu seu pagamento. Era quase a metade do que costumava ser. *Oh não!*, reclamou interiormente. *Como terei dinheiro para pagar a gasolina e para sair?*

Ao longo das semanas seguintes, as suas horas escaladas decresceram ainda mais. Em uma semana, havia caído para duas noites e apenas duas horas no sábado. O que estava acontecendo? Desolado, abordou Chuck a esse respeito.

— Chuck, o que está acontecendo com as minhas horas ultimamente? Eu preciso trabalhar.

Chuck lançou-lhe um sorrisinho.

— Pensei que ficaria feliz por estar trabalhando menos. Não parece que gosta de trabalhar aqui.

— O que você quer dizer? — desafiou Bill. — Estou aqui quando é para eu estar.

— Sim, você está — retrucou Chuck com indiferença. — Todavia ou está reclamando ou fazendo o suficiente para não ser punido. Não tem orgulho do seu trabalho. Faz os sanduíches de qualquer jeito. É grosso com os clientes e sempre tenho de pedir para fazer qualquer coisa extra.

Bill desviou o olhar enquanto seu rosto começava a ficar vermelho. Por mais que odiasse ter de admitir, tudo que Chuck tinha dito era verdade. Ele nunca se entregara ao trabalho.

— Bill, sei que isto é apenas um bico para você, mas preciso de pessoas que queiram estar aqui. Preciso de pessoas que queiram trabalhar e que tenham boas atitudes enquanto estão trabalhando.

— Você está me despedindo? — perguntou Bill admirado, pois a idéia de ser dispensado lhe apertava o coração.

— Ainda não, entretanto, se você não quer ficar aqui, precisa ir para outro lugar. Para ser sincero, necessito de pessoas como Tomas. Ele chega na hora, é agradável e trabalha duro. E não reage mal quando peço para fazer algo extra, como chegar cedo. Neste momento, a escolha é sua. Pode ficar e progredir aos poucos, ou sair.

A VERDADE DESPLUGADA:

Não deixe que uma atitude ruim destrua o seu relacionamento com a família, os colegas de trabalho ou os amigos. Confie em Deus para ajudá-lo a ganhar uma perspectiva mais positiva na vida.

Bill inclinou a cabeça e respondeu calmamente:

— Quero ficar.

Depois que Chuck saiu, Bill sentiu-se mal. Que constrangedor seria ser despedido por más atitudes! Seus pais teriam pirado ao saber disso. E o que responderia em uma futura entrevista, quando perguntassem por que havia saído do Sub Shack? Seria horrível!

Graças a Deus, ainda tinha um emprego, mas não ia ganhar muito dinheiro agora, uma vez que só tinha as horas que sobrassem. Tinha de começar do início e se manter ocupado. Dirigindo-se ao local de preparo dos sanduíches, percebeu que o compartimento de tomates estava baixo. Então, ao voltar para a geladeira, resolveu: é *melhor fazer meu tempo valer a pena.*

LINK DA VERDADE:

Querido Jesus, tenho estado frustrado ultimamente com as coisas na minha vida. Ajude-me a lidar com as situações demonstrando uma boa atitude. Às vezes não consigo evitar e mostro minha irritação. Ajude-me a controlar minhas atitudes e a ter a sabedoria de fazer o que é preciso. Amém.

IMPLEMENTAÇÃO DA VERDADE:

Você já foi acusado de ter uma atitude ruim? Acha às vezes que as pessoas não o compreendem? É verdade. Nem sempre as pessoas entendem o que está perturbando-o, mas tenha cuidado ao permitir que suas preocupações ou irritação continuamente transpareçam para os outros.

Ponha-se no lugar delas: gostaria de estar por perto de alguém que sempre esteja de mau humor? O que pensaria sobre essa pessoa? Mesmo

que ela não diga nada, sabe quando alguém não quer você por perto. É claro que todos precisam de espaço de vez em quando, até seus pais e outros membros da família. Porém, quando precisar de tempo para si mesmo, seja respeitoso ao lidar com isso. Se você está lutando para ter uma atitude positiva, peça a ajuda de Deus e comece a ler a Bíblia. Isso lhe dará uma grande perspectiva em sua vida e também o fará se lembrar de todas as coisas pelas quais deve ser grato.

A NOVA HIERARQUIA SOCIAL

Perseguição

DOWNLOAD:

Por isso, por amor de Cristo, regozijo-me nas fraquezas, nos insultos, nas necessidades, nas perseguições, nas angústias. Pois, quando sou fraco é que sou forte. **2 Coríntios 12.10 (NVI)**

Ted olhou o seu reflexo no espelho. Sabia que estava atraindo problema ao usar a camiseta, mas não se importou. Sentia-se nervoso em demonstrar ousadamente sua nova crença; entretanto, na sua mente, se isso se tornava incômodo, era mais uma razão para proceder assim.

— Querido, você quer aveia no café da manhã? — perguntou sua mãe quando entrou na cozinha. Em seguida, percebendo sua camiseta, ela sorriu.

— Bonita camiseta.

Ted sabia que sua mãe estava feliz com sua decisão de se entregar a Deus. A família havia freqüentado a igreja regularmente desde que ele era pequeno, porém foi apenas há poucos meses que confiou sua vida a Jesus.

Até então, podia ser descrito como pouco mais do que um pequeno selvagem. Havia ido a muitas festas, bebido com os amigos debaixo da mesa e brincado com várias garotas ao mesmo tempo. Contudo ao fazer a oração de salvação, sua vida mudou. Sabia que descera por um caminho ruim, no entanto, agora sentia que o seu coração mudara e que sua vida tinha um propósito. Havia algo realmente reconfortante em saber que Jesus morrera por ele e o aceitara apesar das coisas que fizera.

No final da semana passada, Ted freqüentara um show cristão com alguns amigos da igreja. Lá que comprara a camiseta. Pensava que, quando se tornasse cristão, teria de desistir da boa música, mas descobriu que não era verdade. Ted encontrou ótimas bandas cristãs, que tocavam mais do que apenas *Gospel* ou o estilo das *Top 40*.

O rapaz ainda estava nervoso em usar a camisa na frente dos amigos com quem costumava ir às festas, uma vez que haviam gozado dele sobre a sua decisão. Muitos deles sabiam que ele ia à igreja. Até os convidara para acompanhá-lo. Entretanto, recusaram, mencionando que era apenas uma fase e que logo Ted estaria de volta, pronto para assaltar o armário de bebidas dos seus pais e atirar-se às garotas nas festas.

Quando Ted estava entrando no vestiário para trocar-se para a aula de Educação Física naquela manhã, Ronnie Marshal aproximou-se dele.

— Ted, vamos dar uma festa no lago Benson. Quer ir?

— Obrigado, mas não posso — retrucou Ted. O lago Benson era um dos muitos pontos de festa na cidade. Em qualquer final de semana, havia sempre um barril de cerveja lá.

Ronnie olhou para ele como se sentisse pena do rapaz.

— Você está levando essa "coisa de nova criatura" longe demais, não está? — E, dando uma olhada mais firme na camiseta de Ted, franziu a testa e declarou:

— Você está ficando fanático. É triste.

Ted percebeu que os outros rapazes no vestiário ouviam a conversa. Logo, se dividiram em dois grupos. Um olhava para ele como se ele tivesse saído rastejando debaixo de uma pedra, e o outro evitava, a qualquer custo, fazer contato visual. Não reagiu aos comentários de Ronnie; em vez disso, mudou de roupa e dirigiu-se à aula de ginástica.

No almoço, Ted juntou-se a alguns de seus amigos.

— Não sei se você pode ser visto conosco, "pastor Ted" — sorriu um dos rapazes com zombaria. — Se um raio atingir a mesa, não vai querer ser pego aqui. — O grupo dava risada.

Em seguida, outro rapaz falou bem alto:

— Não sei se podemos deixá-lo se sentar aqui vestido com essa camiseta, cara. É constrangedor e ruim para nossa imagem. — Mais risos.

A VERDADE DESPLUGADA:

As pessoas observam você. Algumas vão persegui-lo por ser crente, no entanto, fique firme. Você pode ser a única Bíblia que essas pessoas vão ler. Certifique-se de que vejam Jesus vivendo em você.

Ted mudou-se para outra mesa, onde passou o restante do intervalo do almoço sozinho. Não queria perder os seus velhos amigos, pois os conhecia há anos e sempre se divertia com eles. Entretanto, ultimamente, a gozação tinha ficado pior. Ted não sabia ao certo se ele era uma lembrança ambulante de que eles não estavam vivendo da maneira certa, ou se era apenas a nova "lei do galinheiro", onde o mais forte bica o mais fraco. Agora estava diferente, e logicamente, era o alvo exclusivo deles.

No restante do dia, ouviu outras risadinhas e comentários enquanto passava pelo corredor. O apelido "pastor Ted" pegara mesmo.

Na última aula, chegou alguns minutos cedo e foi sentar-se. À sua frente, um rapaz chamado Leon virou-se e o encarou. Leon era mais do que um pouco diferente. O seu guarda-roupa todo preto era uma combinação estranha entre o gótico e o rastafári. Seus olhos eram tão negros quanto as roupas, e o escondiam atrás de grandes óculos escuros de aro. Ted sempre o achara um tanto intimidador. Ele lembrava Ted de um garoto que de uma hora para outra podia ser violentamente insano no refeitório da escola. Infelizmente, tinham assentos marcados, por isso Ted não podia sentar-se longe dele.

Leon perguntou num tom lento e depressivo:

— Você acredita mesmo nisso? — com um gesto de cabeça em direção à camiseta de Ted.

— Sim, acredito. Jesus mudou minha vida.

— Como Ele faria isso? Morreu há séculos.

— Ele morreu, mas depois ressuscitou. Acredito que Ele está no céu conversando com Deus sobre mim e você e todo o mundo. Não sei explicar, no entanto, quando virei um cristão, foi como se uma luz entrasse em mim. As coisas começaram a fazer sentido.

Depois que Ted terminou, Leon permaneceu calado, como se estivesse considerando o que seu colega havia dito. E, por fim, disse simplesmente:

— Deve ser legal.

Em seguida, a professora começou a aula, e Leon voltou-se para frente. Ted, ao fitar a nuca de Leon, pensou: *Talvez usar a camiseta não tenha sido má idéia. Claro que tive de suportar os comentários e tiradas baratas que meus amigos fizeram, mas também não teria tido a oportunidade de conversar com Leon.*

No final da aula, Ted esperou por Leon do lado de fora da sala.

— Leon, os jovens da igreja vão fazer um churrasco e jogar futebol sábado que vem. Você é bem-vindo, se quiser.

Leon pareceu surpreso.

— Hum... Vou pensar, certo?

Ted disse que conversaria com ele mais tarde ao longo da semana e voltou para o vestiário.

— "Pastor Ted", tenho uma confissão a fazer — gritou um dos seus amigos no corredor.

Ted revirou os olhos e suspirou. De alguma maneira, a gozação não era mais um grande problema.

LINK DA VERDADE:

Querido Jesus, quero ficar firme em prol da sua causa, porém acho difícil permanecer quando as pessoas zombam de mim, me põem para baixo ou me dão apelidos. Mostre-me como reagir às ofensas. Dê-me as palavras certas para proferir a todos àqueles que riem de mim e àqueles que necessitam ouvir a seu respeito. Amém.

IMPLEMENTAÇÃO DA VERDADE:

Você já acha difícil ficar firme naquilo em que acredita? Talvez seja o único crente na sua escola ou pelo menos o único que realmente vive aquilo em que acredita. Se for assim, sabe quanto é complicado quando as pessoas zombam de você ou humilham-no na frente dos outros por causa de sua fé.

Não permita que o impeçam de viver para Deus. Ser cristão não significa que as coisas automaticamente ficarão mais fáceis, mas significa que está no time dos vencedores. Embora seja difícil, fique firme. Ainda que ouça apenas coisas negativas, nunca saberá qual vida estará influenciando graças ao seu testemunho.

SUJEIRA, TEIAS DE ARANHA E MAIS SUJEIRA

Fidelidade

DOWNLOAD:

Ao fiel te revelas fiel, ao irrepreensível te revelas irrepreensível. **2 Samuel 22.26 (NVI)**

— Nicholas, você já levou o lixo da dona Jenkins para fora? — perguntou sua mãe da cozinha.

— Não, mas estou indo — respondeu Nicholas. Ele só precisava de mais alguns minutos no computador para vencer o jogo em que estava jogando.

Fazia dois anos que ajudava a vizinha do lado, dona Jenkins, com as tarefas domésticas. Ela o pagava para levar o lixo para fora, cortar a grama, tirar o matinho dos canteiros e fazer outros serviços ocasionais pela casa. Não pagava muito, porém Nicholas não se importava. Ela estava nos seus setenta e poucos anos e era viúva. Seus filhos moravam longe e, na maior parte do tempo, Nicholas ficava feliz em ajudá-la. A dona Jenkins sempre fazia biscoitos caseiros ou limonada para ele. Sentava-se com ele e perguntava tudo sobre a sua vida — os amigos, os trabalhos escolares, a igreja e qualquer outro assunto que surgisse. Em troca, ela contava histórias sobre a sua vida desde a infância.

Depois de vencer no jogo, Nicholas apareceu na casa da dona Jenkins.

— Dona Jenkins, tem mais lixo para eu levar para fora? — interrogou ele através da porta de tela.

— Meu Deus, Nicholas. Você me assustou. — Ela estava em pé na cozinha cortando cenouras. Nicholas não sabia o que estava cozinhando, mas tinha um cheiro muito gostoso.

— Entre. Estou terminando este refogado. Acho que deve haver mais lixo no banheiro. Dê uma olhada.

Nicholas tomou o rumo do banheiro através da compacta casa. A mobília estava ligeiramente fosca pelos anos de uso, entretanto tudo estava arrumado e limpo. Porta-retratos cheios de fotos dos netos e bisnetos cobriam várias superfícies planas. Nicholas sempre se sentia em casa ali. Embora não soubesse por experiência própria, imaginava que era exatamente como devia ser uma casa de avó — confortável e convidativa.

Depois de esvaziar o lixo do banheiro, dirigiu-se a uns jornais espalhados pela sala de visitas.

— Dona Jenkins, quer que eu pegue estes jornais também? — perguntou ele.

— Quero, sim. Acabei de ler esses hoje de manhã — declarou a senhora.

Depois de esvaziar o lixo, Nicholas voltou para a cozinha.

— Deseja que eu faça mais alguma coisa?

— Na verdade, queria conversar com você a respeito de limpar minha garagem. Está cheia de coisas que não vejo há anos — disse ela, indicando uma cadeira na mesa da cozinha para que o garoto se sentasse.

Ui! Aquele lugar é um ninho de ratos, pensou Nicholas.

Ele já estivera na porta da garagem geminada, mas não conseguira entrar muito, porque todo o espaço estava ocupado, do chão ao teto, com todos os tipos de coisas: móveis, sujeira, caixas, sujeira, tranqueiras, teias de aranha e mais sujeira.

— Para quando a senhora precisa que seja limpo? — inquiriu ele vacilante.

— Acho que para este final de semana seria bom, já que vai levar uns dias para você limpar.

O rosto do garoto deve ter transparecido sua apreensão, porque ela se inclinou e deu um tapinha na mão dele.

— Não se preocupe, Nicholas. Trabalho duro nunca matou ninguém.

Mais tarde em casa, o garoto reclamou com a mãe sobre o pedido da dona Jenkins. Ela sorriu e confirmou.

— Vai dar bastante trabalho, todavia tenho certeza de que consegue.

— Mãe — chamou ele, tentando não choramingar — não posso fazer isso. Você sabe quanto tempo vai levar? Deviam atear fogo naquele lugar e não limpá-lo.

Ela deu uma risada. Ele sabia que estava sendo dramático, no entanto, conseguia pensar numa tortura pior do que limpar a garagem da dona Jenkins.

— Desculpe, Nicholas — afirmou sua mãe com um sorriso. — Você disse que faria. Então tem de cumprir sua palavra.

No sábado, Nicholas arrastou-se para a casa da dona Jenkins. Pensou todas as desculpas possíveis para escapar da tarefa. Ficou até tentado a fingir-se de doente, mas sabia que não conseguiria mentir para ela.

De pé em sua varanda, a dona Jenkins lhe deu um aceno entusiástico.

— Bom dia, Nicholas. Tenho suco e sonhos para você antes de começar.

Ele deu um sorriso sem graça, pois faltava entusiasmo para a tarefa que o aguardava. Depois do café da manhã, o garoto ficou parado junto à porta da garagem. Era exatamente como ele havia se lembrado. Dona Jenkins movia-se para lá e para cá, dando instruções para classificar o que eventualmente se abarrotava.

— Vamos colocar os móveis na frente da garagem. Ponha as caixas e as bugigangas ao lado da casa. Coloque toda ferramenta junto à parede e as demais coisas podem ir para o quintal. Vou classificar, enquanto você tira tudo para fora. Depois decido com o que vou ficar, o que vou doar e o que vou jogar fora. Certo? Vamos começar.

Nicholas começou a puxar as coisas para fora, uma peça de cada vez. Em minutos, sentia-se como se precisasse de outro banho. Cada vez que movia uma peça, a poeira se espalhava pelo ar. Algumas coisas nem conseguia identificar porque estavam incrustadas de sujeira. Pelo meio da manhã, estava encalorado e empastado de sujeira também. Dona Jenkins ocupava-se indo de uma caixa para outra, organizando as coisas de acordo com o que faria com cada uma.

Na hora do intervalo para curtir um copo de chá gelado, Nicholas olhou para a garagem. Parecia que não tinham feito nada. *Isso vai levar uma eternidade*, pensou ele.

O restante do dia passou com intervalos curtos para o almoço e o lanche da tarde. Ao término do dia, Nicholas via que estavam quase no fim. Quase conseguia ver a parede no fundo da garagem.

> **A VERDADE DESPLUGADA:**
>
> **Para ser uma pessoa fiel, seja alguém de palavra, com quem os outros podem contar.**

O garoto voltou a trabalhar no domingo depois da igreja. Às 15 horas, a garagem estava vazia. Após outro intervalo curto, voltou a trabalhar, lavando a sujeira das ferramentas com a mangueira e escovando a poeira dos móveis. Dona Jenkins separara eficientemente os itens e decidira o que precisava ser colocado de volta de modo ordenado. Depois de resolver a melhor maneira de arrumar as coisas, Nicholas começou a encher a garagem de novo. Terminou bem depois de escurecer. Apesar de haver ainda muito na garagem, dona Jenkins podia entrar e sair de lá e identificar o que era o quê.

Ao puxar a porta da garagem para baixo, Nicholas sentia-se exausto. Virando-se, viu dona Jenkins vindo em sua direção.

— Nicholas, não consigo nem dizer o quanto estou feliz. Precisava fazer essa faxina desde que o meu marido morreu, há quinze anos, porém sabia que não conseguiria realizá-la sozinha. Mais uma vez, você cumpriu com o combinado quando precisei. Agora, sei que geralmente lhe pago certo valor por serviços como esse, mas desta vez, gostaria de dar isto.

Nicholas aceitou o cheque que ela lhe estendeu. O garoto não conseguia acreditar na quantia, quinhentos dólares.

— Dona Jenkins, não posso ficar com isso — gaguejou ele. — É demais.

— Tolice. Você merece — disse a senhora com firmeza. — E não tenho visto ninguém trabalhar duro assim há anos. — Em seguida, acrescentou com um sorriso:

— E você nunca reclamou. Não poderia ficar mais orgulhosa, se você fosse um dos meus netos.

Nicholas voltou para casa, tomou um banho e desmaiou na cama.

Não conseguia acreditar que dona Jenkins tinha lhe dado tanto dinheiro ou que havia trabalhado com tanto afinco. Sendo levado para um sono bem profundo, Nicholas percebeu que aquela senhora não o havia recompensado por apenas os dois últimos dias. Foi porque havia sido fiel ao ajudá-la em tantas outras ocasiões e sempre de bom ânimo.

Hum... talvez trabalhar duro não seja uma coisa ruim.

LINK DA VERDADE:

Querido Jesus, ajude-me a ser fiel em minha vida — meus relacionamentos, meus amigos e o meu trabalho. Ajude-me a dar tudo de mim em qualquer coisa que faça, para que as pessoas saibam que podem contar comigo. Amém.

IMPLEMENTAÇÃO DA VERDADE:

Você é o tipo de pessoa com quem as pessoas podem contar nas horas boas e nas horas ruins? É uma pessoa a quem os outros podem se voltar, porque sempre cumpre o combinado com elas? Para ser uma pessoa fiel, não comece com grandes escolhas. Pelo contrário, comece com pequenas coisas — fazendo trabalhos domésticos, guardando segredo, ajudando os amigos em necessidade.

Quando pensa na pessoa que almeja ser, é claro que deseja ser alguém com quem as pessoas possam contar, alguém fiel. Por isso, comece onde está e tome a decisão de terminar o que prometeu, no tempo combinado, com a qualidade que os outros esperam. Então, estará no caminho certo de se tornar uma pessoa fiel, alguém que Deus recompensará.

SAIA DA MINHA VIDA

Rivalidade entre Irmãos

DOWNLOAD:

O amor é paciente, o amor é bondoso. Não inveja, não se vangloria, não se orgulha. Não maltrata, não procura seus interesses, não se ira facilmente, não guarda rancor. O amor não se alegra com a injustiça, mas se alegra com a verdade. Tudo sofre, tudo crê, tudo espera, tudo suporta. O amor nunca perece. **1 Coríntios 13.4-8 (NVI)**

— Onde está a minha jaqueta de couro? — exigiu Eric entrando enfurecido na cozinha e encarando o irmão, que estava sentado à mesa do café da manhã, deliciando-se com uma tigela de granola.

— Não sei — respondeu Elton.

— Sei que você pegou. Estava no meu armário semana passada e agora não está. Não a tinha usado ainda, e você é a única pessoa que a usaria. Devolva-me — grunhiu Eric.

— Não peguei a sua jaqueta de couro!

— Mãe! Diga para ele devolver a minha jaqueta de couro — apelou Eric para a mãe que se encontrava na lavanderia tirando as roupas da máquina de lavar e colocando-as na secadora.

— Eu não peguei! — gritou de volta Elton.

— Meninos, parem de gritar — ordenou a mãe. — Eric, seu irmão afirma que não pegou. Elton, termine de comer. Vocês dois vão se atrasar para a escola se não se apressarem.

— Não creio que você acredite nele. Você sempre fica do lado dele — lamentou-se Eric, saindo enfurecido da cozinha.

Até onde se lembrava, Eric sempre lidara com as irritações do seu irmão mais novo. Havia entre eles uma diferença de idade de apenas dezoito meses, e não conseguia se lembrar de um tempo em que Elton não estivesse presente. Eric sentia que a sua mãe sempre defendia o irmão, porque ele era o mais novo. Elton podia fazer qualquer coisa errada, ao passo que Eric, por ser mais velho, tinha de ser mais responsável. Era o que sua mãe dizia, e Eric estava farto disso.

A escola era o único lugar que Eric se sentia aliviado do irmão. Lá, estavam em séries diferentes — dois anos de diferença — e tinham amigos diferentes. Eric saía com os amigos dos times de basquete e vôlei, enquanto Elton estava no time de futebol. Seus caminhos não se cruzavam com muita freqüência.

— Eric, posso pegar uma carona para casa com você? — perguntou Elton no corredor entre as aulas. — A mãe não pode me pegar e me disse para voltar com você.

— Não, tenho treino de basquete até às 16 horas. Arranje carona com alguém — respondeu Eric.

Elton parecia frustrado.

— Eric, preciso de carona. Eu espero.

— Eu disse não.

— Por que sempre tem de ser tão mesquinho? Como se eu nunca tivesse nada para você — Elton questionou.

— Dá um tempo. Você sempre está no meu caminho. Queria que saísse da minha vida — revidou Eric e caiu fora.

Após a escola, Eric participou do treino de basquete e, em seguida, deu carona para o seu amigo Sheldon. Quando Eric chegou em casa, tudo silencioso. Depois, pegou um copo d'água e se sentou para fazer a lição de casa na mesa da cozinha. Às 18:30h, sua mãe entrou com os braços cheios de sacolas.

— Você e seu irmão podem me ajudar a descarregar as compras do supermercado? — pediu sua mãe, enquanto deixava o primeiro pacote no balcão.

— Claro, estou indo. Não sei onde está Elton — retrucou, fechando o livro de trigonometria e levantando-se para ir até à garagem.

— O que você quer dizer com não sabe onde ele está? Não veio para casa com você? — perguntou a mãe, virando-se para encará-lo.

— Não, deve ter arranjado carona com alguém — replicou Eric, encolhendo os ombros.

— Mandei-lhe vir com você. O que aconteceu?

Eric irritou-se:

— Falei com ele que tinha treino e que devia arranjar carona com alguém.

A VERDADE DESPLUGADA:

Seus irmãos e irmãs precisam ver tanta ou mais gentileza, amor, perdão e paciência em você do que em qualquer outra pessoa que você conheça.

Sua mãe arregalou os olhos para ele.

— Recusou trazer seu irmão com você? São 18:30 ele ainda não chegou, e você está aí parado sem fazer nada? Pegue o telefone imediatamente e encontre seu irmão. — Sua mãe parecia tensa. Eric estava percebendo que ela estava a ponto de perder a calma.

Irritando-se de novo, Eric andou com arrogância ao telefone e discou para o melhor amigo do Elton. Depois de cinco chamadas telefônicas, ainda não sabia onde seu irmão estava. Depois de dez telefonemas, começou a imaginar coisas e a se preocupar. *Onde estava Elton? Por que ele não arranjou carona e voltou direto para casa?*

— Alguma novidade? — perguntou a mãe olhando o relógio que marcava sete horas.

— Nenhuma; várias pessoas disseram que o encontraram depois da escola, entretanto ninguém podia lhe dar carona. Eles não o viram desde então — Eric respondeu.

— Vou procurá-lo — decidiu sua mãe, agarrando as chaves e dirigindo-se para a porta.

— Ah, telefone para seu pai e avise-o.

Eric continuou a ligar para qualquer um que conseguia se lembrar. Seu irmão estava perdido, e ele era o responsável. Se não tivesse sido tão mesquinho, Elton teria estado em casa horas atrás. Agora, sua mãe estava fora, procurando desesperadamente por ele. *Deus, traga meu irmão para casa com segurança. Perdoe-me por ter sido rude com ele. Eu serei melhor. Traga-o para casa,* orou.

Às 19:30h, sua mãe chegou com Elton.

— Graças a Deus. Onde você esteve? — perguntou Eric extremamente aliviado.

— Estava na escola ajudando a professora Watson com os cartazes para o jogo deste final de semana. Ela disse que me levaria para casa depois que terminássemos, já que não tinha conseguido carona. Nem vi o tempo passar. Desculpe-me por não ter ligado, mãe — justificou-se Elton, virando-se para a mãe.

— Conversaremos sobre isso mais tarde. Vou ligar para o seu pai e avisá-lo de que está tudo bem. Agora quero que vá descarregar suas coisas e se lavar para o jantar. Preciso conversar com o seu irmão — ordenou a mãe dos meninos.

Depois que Elton saiu da cozinha, sentou-se à mesa e fez sinal para Eric juntar-se a ela.

— Eric, isso tem de acabar. Agora!

— O quê? — interrogou Eric, embora tivesse uma boa idéia do que se tratava.

— Você é muito bravo com seu irmão o tempo todo. Nem mesmo o vê como pessoa. E hoje as suas ações poderiam ter tido sérias conseqüências. Claro que Elton tinha de ter nos avisado que estava com a professora, no entanto, ele não precisaria arranjar carona com alguém, se você não tivesse sido tão cruel quando pediu para voltar da escola com você. Não é o único nesta família.

Eric abaixou o olhar e fitou a mesa.

— Eu sei, mãe, todavia ele está sempre no meu caminho. E você sempre fica do lado dele em tudo. A escola é o único lugar em que posso ficar longe dele.

Sua mãe assentiu.

— É verdade. Contudo, é também o único lugar em que ele pode ficar longe de você. E eu nem sempre tomo o partido dele nas coisas. Mas, sinceramente, você estoura tão rápido toda vez que está com o seu irmão, que tento mais amenizar as coisas do que deixar que ele leve uma bronca de nós dois. Você tem paciência zero quando se trata de seu irmão. Ele não é perfeito e nem você é. Você só precisa ter mais calma com ele.

Eric concordou relutantemente.

— E a propósito, eu achei a sua jaqueta de couro que você tinha tanta certeza de que seu irmão havia usado. Estava no porta-malas do meu carro. Você esqueceu lá quando saímos para comer pizza na semana passada.

Depois de observá-lo por alguns instantes, sua mãe levantou-se para começar o jantar.

Eric continuou a fitar a mesa. Sentia-se tão envergonhado, pois havia mesmo sido cruel com seu irmão. Claro que Elton era irritante, porém talvez tivesse sido igualmente irritante quando tinha a idade de seu irmão.

Obrigado por trazê-lo para casa com segurança, Deus, orou silenciosamente enquanto se levantava para arrumar a mesa. *Como prometi, me esforçarei o máximo para ser legal com ele.*

LINK DA VERDADE:

Querido Jesus, ajude-me a mostrar o seu amor, sua graça, seu perdão e sua bondade aos meus irmãos e irmãs. Ajude-me a ser o melhor irmão do mundo. Amém.

IMPLEMENTAÇÃO DA VERDADE:

Você já percebeu o quanto é difícil mostrar o amor de Deus para os seus irmãos e irmãs? É verdade. Eles se intrometem em suas coisas e atormentam você com picuinhas. Eles sabem exatamente qual botão apertar para irritá-lo — e eles apertam o botão melhor do que ninguém.

Mostrar-lhes paciência e gentileza pode ser difícil, todavia vale a pena. Por mais irritáveis que sejam, lembre-se de que ninguém jamais pode tomar o lugar deles. Você entende cada um deles melhor do que muitos porque cresceram na mesma família, quer sejam irmãos legítimos quer meio-irmãos. Com o transcorrer do tempo, você será capaz de ressaltar os dons e talentos de cada um dos seus irmãos e irmãs em vez de se concentrar apenas nas falhas e fraquezas.

NÓS ESTAMOS NISTO JUNTOS

Doença

DOWNLOAD:

Bendize, ó minha alma, ao SENHOR, e não te esqueças de nenhum de seus benefícios. É ele que perdoa todas as tuas iniqüidades e sara todas as tuas enfermidades; quem redime a tua vida da perdição e te coroa de benignidade e de misericórdia. **Salmos 103.2-4**

— Mick, você vai ao hospital visitar sua mãe hoje? — perguntou seu pai. Mick percebeu o quanto ele parecia cansado. Olheiras lhe demarcavam os olhos, e os seus ombros estavam curvados como nunca estiveram antes.

— Não sei. Talvez eu vá — respondeu Mick antes de sair para o trabalho.

Sua mãe havia sofrido recentemente uma cirurgia e feito um tratamento contra o câncer. Desde então, o pai de Mick vivia praticamente no hospital. Todos os dias ele perguntava se Mick ia ao hospital, e todos os dias Mick dizia que tinha de esperar para ver. Sabia que devia visitar sua mãe mais vezes, no entanto, não suportava ficar parado olhando para ela doente e fraca. Havia perdido o cabelo e bastante peso. Seu rosto tinha uma aparência pálida e fantasmagórica, e o filho mal a reconhecia.

Mick se lembrava vividamente como os seus pais fizeram-no sentar-se para contar que ela estava doente.

— Mick, os médicos encontraram um caroço em meu seio. Eles fizeram uma biopsia e é maligno. Tenho de ir ao hospital para fazer uma mastectomia e tratamento quimioterápico. Todavia, não quero que você se preocupe. Conseguiremos passar por isso — explicara ela tudo muito calmamente, embora Mick soubesse da verdade. Tinha de permanecer forte por ela e por seu pai.

Enquanto a mãe falava, o garoto percebeu que o pai fitava o nada com uma aparência vazia. Ele sempre fora robusto, o tipo do homem com quem se podia contar para tudo. Entretanto, agora o filho sentia que ele estava lutando e que tudo não era tão simples como sua mãe achava que fosse. A única coisa que sabia sobre câncer é que sua avó havia morrido dessa doença anos atrás. Mick, porém, era tão novo que tudo de que se lembrava era a sua mãe chorando no dia em que a avó morreu. Quando a mãe soube da notícia da própria doença, parecia tão saudável, tão forte e em boa forma. Nessa época, Mick não percebeu o quanto ela estava doente. Parecia tão normal.

No dia da cirurgia, ele e o seu pai sentaram-se ao redor da mãe até ela ser levada para a sala de cirurgia. Fizera gracejos para acalmar a tensão, porém o filho não conseguia ficar sossegado. Mick notou que uma procissão de pessoas da igreja a visitava. Várias tentavam consolá-la com palavras como: "Deus é quem sabe o melhor". Ou: "Sua mãe está nas mãos de Deus agora".

Ele não queria ouvir o que tinham a dizer. De fato, quanto mais falavam, mais nervoso ficava. Não compreendiam o que ele estava passando. Sua mãe estava prestes a se submeter a uma cirurgia de *câncer*, que palavra mais feia. Ela era a mãe de Mick e não lhes pertencia. Não conheciam sua mãe como o filho a conhecia. Essas pessoas não a amavam como ele. Era impossível saberem o que estava se passando na cabeça dele.

Considerando que a cirurgia levaria um bom tempo, decidiu dar uma caminhada. Ele não conseguia ficar sentado, aguardando na sala, enquanto as paredes o exprimiam. Caminhar para cima e para baixo do corredor também não ajudava. Ele viu todos os tipos de pessoas doentes e sentiu todos os tipos de cheiros estranhos e fortes de uma clínica. Tudo isso fazia sua pele arrepiar. Internamente, clamava: *Meu Deus, por que tudo isso aconteceu? Por que minha mãe está passando por isso?* Em seguida, suplicava: *Ajude minha mãe, Senhor. Não a deixe morrer.*

Após a cirurgia, ele e o seu pai sentaram-se na sala do hospital. Ele observava seu pai olhando para sua mãe e apertando a mão dela. Sempre soube que seus pais se amavam muito. Eles eram amorosos em casa, e, para o grande constrangimento de Mick, ainda saíam para namorar. Contudo, enquanto o garoto observava o seu pai, percebeu o quanto isso era difícil para ele. Vê-lo com tamanha dor apenas intensificava a sua própria.

Eles encontraram outro tumor sob o braço dela, levando-a a se submeter a outra cirurgia. Depois disso, Mick fora visitá-la apenas uma vez, pois ficara chocado com a aparência doentia de sua mãe. Desde então, não voltara. O garoto não conseguia enfrentar isso.

Ao ir de carro para o serviço, começou a orar de novo por sua mãe: *Senhor, cure a minha mãe. Permita que a cirurgia e o tratamento dêem resultado, para que possa voltar para casa e ficar boa novamente.* Enquanto orava as mesmas palavras que havia orado centenas de vezes todos os dias desde que soubera das notícias, sentiu-se estranho. Ele estacionou o carro no estacionamento e depois, como se uma represa tivesse se rompido, chorou pela primeira vez. Mick deu vazão a tudo — toda a dor e todo o medo. Não tinha certeza de quanto tempo ficara ali, mas finalmente as suas lágrimas começaram a parar, e imediatamente soube o que tinha de fazer.

Manobrando o carro, dirigiu-se para o hospital. Como um robô, atravessou o saguão, entrou no elevador e pressionou o botão para o andar de sua mãe. Ele sentiu os mesmos cheiros, mas não se deteve. Pela primeira vez, não estava com medo. Ao entrar no quarto de sua mãe, Mick estancou. A mãe ainda estava tão pequena, no entanto, ele não permitiu que essa visão o amedrontasse. *Ela é minha mãe*, repetia diversas vezes mentalmente.

Indo até ao lado da cabeceira da cama, sentou-se em uma cadeira e tomou a mão de sua mãe. Esta abriu os olhos, olhou para o filho e sorriu:

— E aí?

— Oi, mamãe — disse ele com lágrimas nos olhos. — Como você está se sentindo hoje?

— Na verdade, estou me sentindo melhor hoje — respondeu vagarosamente, fechando os olhos.

— Está bem, mãe, agora durma. Estou aqui e papai está vindo. Vai ficar tudo bem. Vamos sair dessa. Estamos nisso juntos.

Ele observou sua mãe confirmar suavemente com a cabeça e depois dormir.

A VERDADE DESPLUGADA:

Quando uma doença atinge a sua família, Deus pode enchê-lo de coragem e força para enfrentar a situação. Basta pedir-lhe.

Ainda segurando a mão dela, inclinou a cabeça de novo e começou a orar.

— Está bem, meu Senhor, estou aqui e não estou saindo. Preciso que ela fique curada e volte para casa comigo e papai. E assim como sei que o Senhor não desistiu dela, também não vou desistir.

Pela primeira vez, sentia a coragem e a determinação fazerem sentido em sua oração. Percebeu que o que dissera à sua mãe era verdadeiro. Isso era uma questão familiar — a mais árdua que já haviam encarado — e todos estavam nisso juntos.

LINK DA VERDADE:

Querido Jesus, tenho um ente querido que está doente. Preciso que o Senhor o ajude a passar por isso. Confio no Senhor como aquEle que cura, porque sei que pode e vai curá-lo. E como o Senhor trabalha para o bem dele, me mostre como lidar com isso. Dê-me sabedoria, coragem e paz para lidar com este problema. Amém.

IMPLEMENTAÇÃO DA VERDADE:

Quando a doença atinge a sua família, afeta a todos. Se você está passando por isso, sabe o quanto é verdadeiro. Todos fazem o melhor para lidar com a situação, mas ainda é difícil saber o que dizer e como agir. Você pode ficar bravo, ou cair fora, tentando negar que alguma coisa esteja errada. Ou pode sentir-se deprimido ou tornar-se um super-homem, tentando lidar sozinho com tudo que precisa ser feito.

Seja qual for a situação, separe um tempo para orar. Apóie-se em Jesus, e peça-lhe para mostrar-lhe o que fazer e como lidar com as coisas. Rogue-lhe para curar, fortalecer e encorajar. Você não está sozinho. Ele está aí com você.

COMPREENDENDO A HISTÓRIA TODA

Crítica

DOWNLOAD:

Não importa quem você seja, você não tem desculpa quando julga os outros. Pois, quando você os julga, mas faz as mesmas coisas que eles fazem, você está condenando a você mesmo. **Romanos 2.1 (NTLH)**

— Oi, Jake, onde está a pipoca? Estamos prontos para começar o filme — chamou Logan da sala de visita, onde os amigos mais chegados de Jake se reuniram para a noite de filmes de sexta-feira.

— Está indo. Estou pegando os refrigerantes. Quem quer comum e quem quer *diet*? — retrucou ele. — E quem pode me ajudar a trazê-los?

Marcy levantou-se de supetão e correu para a cozinha.

— Vou ajudar. Por falar nisso, John virá?

— Você o conhece. Ele sempre chega atrasado — explicou Jake.

Jake e Marcy levaram as bandejas com refrigerantes, pipoca e batatas fritas para a sala de visita, onde todos se acomodaram em seus lugares favoritos. Jake sentou-se no chão apoiado em uma grande almofada. Logan se esticou em uma poltrona. Marcy e Dave tomaram o sofá. Sobrou apenas um lugar para John, que geralmente se esparramava pelo chão. Todos estavam preparados para uma maratona de *Indiana Jones*.

— Vamos esperar John? — perguntou Logan.

— Sim, vamos dar-lhe mais alguns minutos. Ele deve chegar a qualquer hora — pronunciou Dave.

— Puxa, ele está sempre atrasado. Não devíamos esperar por ele — decidiu Jake, pegando um punhado de pipoca. — Agora que ele conseguiu o emprego de entregador de pizza, não se pode contar mais com ele. Deve ter terminado seu dia de trabalho há meia hora, mas com ele, não se pode dizer nada.

— Não acho que ele *sempre* esteja atrasado — disse Marcy com os olhos em Jake. E continuou:

— Ele só precisa de um pouco mais de tempo para chegar aqui desde que começou a trabalhar. Nós temos tempo; vamos esperar.

Jake deu de ombros. Necessariamente, não se importava em esperar por John, porém lhe aborrecia o fato de ele não estar, quando sabia que começariam às 21 horas. Todos os amigos têm se reunido para verem filmes nas noites de sexta-feira desde o ano passado. A cada semana, votavam no filme para a semana seguinte. Se não conseguissem decidir, sorteavam os títulos de um chapéu. Tinha corrido sossegadamente dessa forma, até John conseguir um emprego. Seu novo horário estava mesmo desestabilizando o horário dos demais.

Depois de cerca de cinco minutos, Jake ficou impaciente. Foi ao telefone e discou o número de John:

— Você *nunca* vai chegar? — vociferou no aparelho quando John atendeu o celular.

— Estou a caminho. Tive uma baita entrega para fazer na Zona Sul. Devo estar aí em dez minutos — justificou ele.

— Está certo. Chegue logo. Estamos esperando — disse ele antes de rapidamente desligar o telefone.

Voltando-se para o grupo, ele encontrou Marcy encarando-o.

— Vá com calma, Jake. Não é como se *Indiana Jones* estivesse fugindo daqui.

Jake sustentou o olhar de Marcy e foi sentar-se no chão novamente.

— Só o que me irrita é que ele sabe que começamos às 21 horas e não chega. Isso tem acontecido muito ultimamente.

Ele não se importou com o que Marcy falou. Em sua opinião, o atraso de John estava ficando fora de controle. Noutro dia, era para John encontrá-lo às 18 horas no cinema e não apareceu até às 18:20h. Semana passada, ele devia lhe dar carona até o jogo de hóquei e chegou meia hora atrasado. Eles perderam o primeiro gol. Estava se tornando um hábito e Jake sabia que não podia mais contar com John. O rapaz sempre pedia desculpas e até ligava para avisar que se atrasaria, mas Jake não se importava. Devia chegar na hora marcada, quando concordava que chegaria.

Dez minutos depois, John entrou carregando uma pizza.

— Desculpem, estou atrasado. Trouxe uma pizza.

Ele colocou na mesa da cozinha e desmaiou no chão.

— Estou tão cansado — disse ele. Tivemos uma entrega enorme para fazer na Zona Sul. Tive de pegar dois carros para entregar todas. Era para eu sair uma hora atrás, mas precisaram de mim para ajudar. Entretanto, consegui uma ótima gorjeta.

Jake foi à cozinha para apanhar pratinhos de papel e guardanapos para a pizza. Embora sempre ficasse contente quando tinha pizza, o garoto ainda estava irritado por John não ter chegado na hora. Enquanto colocava tudo sobre a mesa e começava a cortar as fatias, os outros conversavam sobre isso e aquilo: seus dias, o serviço de John, o filme, a pizza e outras coisas inconseqüentes. Não se juntou à conversa, pois estava irritado demais.

— A pizza está na mesa — chamou com um tom indiferente na voz.

A VERDADE DESPLUGADA:

A sua compaixão pode ser a ferramenta que Deus precisa para ajudar alguém em necessidade.

Eles se arremessaram cozinha adentro, agarrando os pratinhos de guardanapos. Jake permaneceu à parte, esperando que todos se servissem para depois pegar o seu pedaço. De volta à sala de visita, todos tomaram os seus lugares. Então, Jake comentou:

— Ainda temos tempo para o filme ou teremos de escolher alguma coisa mais curta?

Todos olharam uns para os outros e em seguida para ele:

— Acho que temos bastante tempo — retrucou Marcy.

— Ótimo, então comece — proferiu Jake com indiferença.

Irritado, ele bebeu sua coca-cola e levantou-se para pegar mais. Na cozinha, John o encontrou:

— O que é que há com você, cara? Por que está tão zangado?

Batendo a porta da geladeira, virou-se para ele:

— O que há comigo? O problema é que estou cansado de sempre ter de esperar por você. Sabe que começamos o filme às 21 horas, e ultimamente você nunca chega na horário.

— Desculpe-me. O que mais você quer que eu diga? Tenho um emprego agora e nem sempre posso controlar quando saio — explicou ele com tensão na voz.

— Não me *importo* com o seu trabalho — afirmou ele.

— Você talvez não, mas eu sim. Não sou como você, Jake. Meus pais não pagam tudo para mim, por isso tenho de trabalhar. Se não mantiver esse emprego, vão tirar o meu carro.

Jake ficou parado em pé, estarrecido.

Não percebera que nunca havia se importado em descobrir por que John trabalhava tão duro.

Achava que o amigo apenas gostava do dinheiro extra que o emprego lhe proporcionava. Agora, sentia-se um idiota, tinha sido tão farisaico em relação ao atraso de John, por supor que ele se encontrava na mesma situação que ele. Todavia, percebera que havia circunstâncias especiais.

— Desculpe-me. Eu não sabia — justificou-se ele calmamente.

— Não fico dizendo isso para todo o mundo, no entanto, a maior parte do que ganho vai para pagar o carro. Por isso, tento fazer hora extra para ter dinheiro para gastar.

Jake consentiu com a cabeça, finalmente compreendendo. John deu uma espiada na tela da TV e depois olhou para Jake.

— Vamos assistir ao filme. Prometo chegar na hora de hoje em diante.

Jake sorriu:

— E eu prometo ser mais compreensivo e não tão crítico.

John deu uma piscadela:

— Ótimo, vamos comer pizza e ver o *Indiana* fazer os nazistas de bobos.

Com um restante de pizza na mão, voltaram à sala de visita, tomaram seus lugares e curtiram o resto do filme entre os seus melhores amigos.

LINK DA VERDADE:

Querido Jesus, perdoe-me por ser crítico com os outros. Sei que preciso ser compreensivo e perceber que posso não saber tudo sobre a situação ou as pessoas. Ajude-me a ser solidário e compreensivo. Amém.

IMPLEMENTAÇÃO DA VERDADE:

Você já se pegou criticando alguém? Talvez um amigo, um irmão ou até uma pessoa completamente estranha? Talvez ache que a pessoa devesse agir de certa maneira ou ser algo que ela não é.

Quando você critica alguém, torna-se juiz. Contudo, você não tem todos os fatos em cima da mesa. Pode ser que a pessoa esteja em uma situação que não tenha solução, lidando da melhor maneira que sabe. Ou talvez haja informações sobre a vida dessa pessoa que você desconheça. Ou quem sabe ela esteja reagindo a algo baseado no que lhe aconteceu no passado.

Não importa a razão, essa pessoa precisa da sua compreensão. Isso não quer dizer que você deva fechar os olhos para os erros. Todavia, em vez de se tornar crítico, leve suas inquietações a Deus em oração. Depois, peça-lhe para ajudá-lo a ser o melhor amigo, testemunha ou membro da família que puder ser. A sua compreensão pode ser a ferramenta que Deus usará para ajudar uma pessoa em necessidade.

VOCÊ VAI SE DAR BEM

Gratidão

DOWNLOAD:

Que a paz de Cristo dá dirija vocês nas suas decisões, pois foi para essa paz que Deus os chamou a fim de formarem um só corpo. **Colossenses 3.15 (NTLH)**

— Cara, meu pai está me deixando maluco! — declarou Richard frustrado.

Ele acabara de vir de casa onde tivera outra briga com seu pai.

— Ele não larga do meu pé por causa dos meus estudos. Na verdade, falou que preciso de um professor particular para o vestibular de verão. Não é loucura?

— Por que ele acha que você precisa de um professor? — questionou Morgan enquanto se inclinava sobre o motor do seu carro. O rapaz continuou a trabalhar nele, enquanto Richard discursava sobre o seu pai, algo que sempre fazia.

— Ele quer garantir que eu tire notas suficientemente altas para entrar na Universidade Wellington. Lá, exigem mil e duzentos pontos. Como se eu ligasse ir para Wellington — disse ele, andando de um lado para o outro em frente à garagem. — Ele fica me importunando o tempo todo. Por que será que não me deixa em paz? — esbravejou.

— Você acha que consegue tirar notas altas sozinho? — perguntou Morgan.

— Não sei. Só sei que não pretendo estudar neste verão, porque quero um verão de verdade. Quero fazer uma dessas viagens a pé, viagens de aventura ao ar livre. Fazer caminhadas, escalar montanhas e fazer circuitos de acampamento. Meu pai afirmou que vai pagar, mas só se eu tiver um professor particular pelo restante do verão. Dá para crer?

Como Morgan ficou quieto, Richard olhou para o que o amigo estava fazendo. Ele estava sempre mexendo ou consertando o carro de sua mãe ou o dele. Richard geralmente ficava apenas passando as ferramentas. Ao longo dos anos, viera a reconhecer a diferença entre uma chave *Phillips* e uma chave de fenda de cabeça chata. E só.

— E aí, quer comer uma pizza e depois rebater umas bolas com o taco de beisebol?

Morgan o observou atentamente de sob o capô.

— Parece divertido, porém tenho algumas coisas a fazer por aqui hoje à tarde.

Refletindo sobre essas palavras por um minuto, Richard sugeriu:

— E que tal se eu ajudasse você? Poderíamos fazer tudo rápido e depois irmos jogar.

Morgan aceitou o plano de Richard. Então se concentraram em terminar a lista de tarefas de Morgan o mais rápido possível.

— Preciso cortar a grama, dar o acabamento no gramado e aparar os arbustos — declarou Morgan.

Richard havia cortado o gramado de sua casa algumas vezes e sugeriu que começaria por ali. Quando Morgan tirou a lona que cobria o cortador de grama, Richard fez uma careta.

— Você não tem um cortador de grama móvel?

Morgan sorriu como resposta e empurrou o cortador para o gramado.

Depois de checar o óleo e a gasolina, injetou gasolina no carburador e deu partida no motor dando um puxão rápido. O tempo todo Richard ficou um passo atrás ao perceber que não sabia lidar com esse tipo de cortador. Ele nunca teve de fazer nada disso. Na maioria das vezes, era seu pai quem cortava o gramado. Ocasionalmente, até contratavam alguém para fazer o serviço. Muito raramente Richard fazia esse trabalho, e, quando o realizava, tudo o que tinha a fazer era sentar-se na traseira de um grande cortador de grama móvel e girar a chave. Se o motor não pegasse, chamava o seu pai. Sem problemas.

Entretanto, isto era diferente.

No momento em que Richard começou a empurrar o cortador pelo gramado, notou imediatamente que não se movia facilmente. Quando falavam para empurrar, queriam dizer jogue todo o peso do corpo contra o aparelho, forçando-o a mover-se.

Depois de cortar a grama, foi aparar as beiradas e os arbustos. Olhando em volta, não viu Morgan em lugar algum. Imaginando que o amigo estivesse matando tempo, enquanto fazia o trabalho, Richard foi procurá-lo. Enquanto perambulava pela casa de Morgan, ouviu um barulho vindo do banheiro da suíte. Espiando por um canto, Richard viu o amigo deitado no chão do banheiro contíguo.

— O que você está fazendo? — interrogou ele.

— Minha mãe disse que há um vazamento aqui em baixo. Acho que estou quase conseguindo consertá-lo — respondeu Morgan enquanto se esforçava para apertar a porca.

— Por que você não chama um encanador? — perguntou Richard confuso.

Morgan deu uma risada enquanto continuava a torcer.

— Porque... isto... não custa... nada.

Richard saiu e voltou ao jardim, onde ficou de joelhos e continuou a aparar as beiradas e os arbustos. Enquanto trabalhava, pensou sobre as diferenças entre a sua vida e a de Morgan. Na verdade, nunca havia se dado conta disso. Sabia que o pai de Morgan havia ido embora há muitos anos e que ele não tinha nada a ver com o pai. Tinha conhecimento de que a mãe de Morgan trabalhava de secretária em um escritório no centro da cidade. Embora o amigo nunca reclamasse, Richard estava ciente de que o dinheiro não vinha tão fácil para eles.

Até onde podia se lembrar, Morgan sempre trabalhara. Cortara a grama da vizinhança, quando não tinha idade suficiente para conseguir outro trabalho. Agora, trabalhava para uma firma de paisagismo, antes e depois da escola e nos finais de semana. Richard nunca percebera isso antes. Apenas imaginava que o garoto gostava de trabalhar. Agora, se perguntava se Morgan trabalhava por necessidade ou porque desejava.

Enxugando o suor da testa, Richard entrou de novo em casa.

— E agora? — perguntou ele, entrando no espírito da coisa.

— Minha mãe quer que eu limpe o lado de fora das janelas e as telas. Com isso, acho que terminamos — falou Morgan, olhando em volta como se tentasse lembrar de algo mais.

Do lado de fora da casa, trabalharam juntos. Um removia as telas e as lavava antes de colocá-las de volta no lugar. O outro se concentrava em limpar as janelas. Enquanto trabalhavam, ambos conversavam sobre seus planos para a faculdade.

— E onde você vai estudar? — quis saber Richard.

Morgan ficou calado por um momento.

A VERDADE DESPLUGADA:

Em vez de olhar para as coisas que não estão bem certas na sua vida, concentre-se nas coisas boas que Deus deu a você.

— Não tenho certeza. Se eu for, será na Faculdade Comunitária.

— Na Faculdade Comunitária? — perguntou Richard surpreso. — Mas você tem ótimas notas. Pode entrar em qualquer universidade que quiser. Por que estudar na Faculdade Comunitária?

— Posso ganhar uma bolsa de estudos e ao mesmo tempo morar aqui com minha mãe. Já tenho emprego, e meu chefe disse que vai dar minha própria equipe no próximo ano. Vou ganhar mais dinheiro para ajudar mais minha mãe. Isso faz sentido — explicou ele, enquanto continuava a trabalhar.

— Mas e quanto a toda a experiência da faculdade: morar nas repúblicas, ir aos jogos estudantis, namorar as garotas da faculdade, tudo isso? — questionou Richard.

Morgan balançou a cabeça de um lado para o outro.

— Isso não é para mim. Tenho outras coisas para pensar: ajudar minha mãe e minha irmã, auxiliar em casa, ganhar dinheiro. Não tenho tempo para todas essas coisas.

Ambos continuaram a trabalhar em silêncio. Richard não conseguia acreditar no quanto sua vida era fácil em relação à de Morgan. Eram amigos há anos, no entanto, Richard nunca havia tomado conhecimento desse lado da vida de Morgan. Os dois estavam envolvidos demais em suas próprias vidas. Richard nem pensaria em não ir para a faculdade. Era apenas questão de escolher para qual ir. Seu pai assinava os cheques.

Agora, refletia a respeito da discussão que tivera com seu pai há pouco, a qual perdera importância em comparação à vida do amigo. O pai de Richard lhe ofereceu uma viagem de aventura de duas semanas, que certamente custaria muito dinheiro, porém Richard havia jogado tudo para o alto, porque seu pai exigira que estudasse para entrar em uma universidade de alto nível. Tudo o que o garoto tinha de fazer era conseguir nota; só isso. Além do mais, seus estudos já estavam pagos. *Uau*, pensou ele, *vou me dar muito bem.*

Depois que terminaram as janelas, Richard estava exausto. Nunca havia trabalhado tanto na vida. Enquanto os dois entravam no carro de Morgan, Richard virou-se para o amigo.

— Talvez a gente pudesse somente comer uma pizza e deixar de lado as rebatidas de bola. Acho que não acertaria nada hoje.

Morgan deu risada:

— Acho que você está certo. Obrigado por me ajudar. Você me poupou muito tempo.

— Sem erro — respondeu ele, enquanto estacionavam. Contudo, em seguida, refletiu: *Obrigado, foi você que me ajudou.*

LINK DA VERDADE:

Querido Jesus, perdoe-me por não dar atenção às coisas boas em minha vida. Ajude-me a perceber tudo que o Senhor tem me dado e a manter uma atitude de gratidão. Amém.

IMPLEMENTAÇÃO DA VERDADE:

Você já se pegou não dando valor às pessoas ou às coisas? Ao amor e aos conselhos de sua família? Às oportunidades? Às escolhas que a vida lhe proporciona? Vez ou outra, acaba se esquecendo de olhar para as coisas boas, e passa a se concentrar nas coisas que são fúteis.

Mas Deus quer que seja agradecido por todo o bem que lhe concede. Quando você for agradecido a Ele e às pessoas de sua convivência, será melhor exemplo do amor de Deus ao mundo. E, ao se concentrar em todas as coisas boas de sua vida, conseguirá aproveitar ainda mais todos os momentos.

CUIDADO COM A LÍNGUA

Linguagem Obcena

DOWNLOAD:

Guarda a tua língua do mal e os teus lábios, de falarem enganosamente. Aparta-te do mal e faze o bem; procura a paz e segue-a. **Salmos 34.13,14**

— Passe a bola! Para mim! — gritou Steve para Bob. Eles estavam treinando com afinco para o jogo contra seus maiores rivais. O resultado determinaria qual time passaria para as finais do campeonato distrital.

— O que você está esperando? — posicionou-se Steve sob a cesta. Quando Bob tentou e perdeu o arremesso de três pontos, Steve estourou:

— #@$&%!

— Cuidado com a língua, Steve, ou você ficará correndo pelo resto do treino — gritou o treinador Higgins.

— Mas, treinador, eu estava livre — retrucou. — Ele está sendo um #@$&%!

— Você tem a língua solta — replicou o treinador Higgins em resposta à furiosa explosão de Steve. Depois, apontando para o espaço do ginásio onde o time treinava corridas, ele ordenou:

— Pode ir para lá!

Steve deixou o time na quadra e foi correr no lugar indicado, resmungando o tempo todo.

— Mantenha-se calado, Steve, ou vai esquentar o banco dos reservas na sexta-feira — complementou o treinador depois de ouvir os protestos contínuos de Steve.

Após o treino, Steve juntou-se ao time no vestiário. Ao encontrar Bob, exigiu uma explicação.

— Qual é o problema, cara? Eu podia ter feito aquele arremesso.

Bob virou-se e ficou a poucos centímetros do rosto de Steve:

— Você não é o *único* jogador neste time. Eu sabia o que estava fazendo. E a última coisa que vou fazer é ceder à sua boca suja — afirmou Bob, transparecendo a raiva contida em seus olhos.

A raiva de Steve também era forte, porém ele a reteve. Bob podia não ser jogador de destaque do time de basquetebol, porém Steve tinha bastante certeza de que, se quisesse, conseguiria aniquilar qualquer um. E naquele momento, o que mostravam os seus olhos confirmava que sua mente acabara de decidir fazer isso.

— Há outras pessoas no time, sabia? Se continuarmos agindo sozinhos, vamos perder o jogo de sexta-feira —Steve continuou a esbravejar.

Bob escarnecia enquanto continuava firmemente à frente de Steve, quase lhe tocando o nariz:

— Ótimo conselho. Você perambula pela quadra como se fosse um tipo de deus, e xinga os outros quando perdem uma cesta. Você me enoja!

Ao perceber que ambos estavam a ponto de partir para o braço, Steve virou-se e foi ao vestiário.

Depois de ter se trocado, saiu e encontrou o seu melhor amigo, Damon.

— Você viu o que Bob fez hoje? — perguntou ele, balançando a cabeça repugnado. Steve e Damon não só moravam a poucas quadras um do outro, mas também tinham uma paixão por basquetebol.

— Bob? E quanto a você? Por que xingar os colegas na quadra? — perguntou Damon admirado.

— O quê? Ele merecia isso. Foi uma jogada estúpida. Se continuar agindo assim, vamos perder o jogo.

Damon movimentou a cabeça de um lado para o outro em resposta a Steve.

— Cara, continue assim, e ninguém vai querer jogar com você. Será chutado para fora do time — alertou Damon.

— Eu falo o que penso — retrucou Steve.

Damon parou de caminhar.

— Falar o que pensa e xingar os colegas na quadra são duas coisas diferentes.

No decorrer da semana, Steve esforçou-se para manter seus comentários para si nos treinos. Isso não significa que não quisesse explodir com alguns dos companheiros pelos seus erros estúpidos. Ele tinha certeza de que, se não prestassem atenção aos erros, acabariam perdendo o jogo.

Na sexta-feira, o treinador Higgins reuniu o grupo para o seu costumeiro bate-papo antes do jogo.

— Muito bem, acalmem-se. Acho que todos sabemos o que está rolando neste jogo. Vamos enfrentar um time forte, no entanto, vocês treinaram com afinco. Não tenho dúvida de que, se quisermos de verdade, podemos ganhar este jogo. Por isso, nada de moleza. Todos estamos juntos nessa. Vejamos o que podemos fazer.

Todos gritaram, animando-se para o jogo.

Na quadra, Steve tomou o seu lugar. Ele estava pronto. Quando a deixa veio, Steve se pôs em ação. Esforçou-se para fugir da defesa a fim de que pudesse fazer uma cesta, porém não conseguiu se livrar dela. O jogador o marcava o tempo todo. Ele ia subitamente para a esquerda e depois imediatamente para a direita. Tentou enganar o adversário, entretanto, nada funcionava. Enquanto o resto do time movimentava a bola pela quadra para encestar, o jogador que marcava Steve o anulava.

Quando finalmente chegou um momento para Steve fazer um passe, o jogador adversário o desarmou antes que ele pudesse fazer um bom arremesso. Steve empurrou o adversário.

— Seu #@$&%!, me largue!

Enquanto o rapaz caía ao chão, Steve ouviu o apito do árbitro soar. Ele fizera falta sobre o jogador, permitindo que o outro time fizesse dois arremessos livres. Steve olhou para encontrar apoio dos seus colegas, todavia eles o estavam encarando. *O que há com eles?*, perguntava-se desgostoso o rapaz.

De volta ao jogo, era a vez de Steve marcar o seu oponente. Rodeando-o o mais próximo possível sem cometer falta, Steve trabalhou para manter o jogador longe da bola. Quando o adversário ficou com a posse de bola, ele fingiu ir para a esquerda e correu para a direita. Steve perdeu o equilíbrio e tropeçou, permitindo que o rapaz fizesse uma cesta e marcasse mais dois pontos para o time adversário.

Furioso, Steve não conseguiu evitar chegar no rosto do rapaz:

— Você me deu uma rasteira de propósito, seu #@$&%!

— Cara, fique longe do meu rosto. Não toquei em você. Tropeçou no seu próprio pezão.

— Seu #@$&%! — Steve deu vazão a uma corrente de palavrões, que foram ouvidos por todos na quadra. No momento em que pensou que perderia a cabeça com o oponente, ouviu o apito do árbitro tocar.

Ao olhar, percebeu o treinador gesticulando para ele da linha lateral.

— Vá se sentar — ordenou ele entre dentes quando Steve chegou.

— Você está me tirando do jogo? — gritou Steve surpreso.

O treinador virou-se e encarou-o, nariz contra nariz.

— Você tem sorte de eu não o tirar do time — declarou ele numa voz lenta e ameaçadora. Chocado, Steve sentou-se.

Durante o jogo, o rapaz observava como o seu time e o time adversário competiam. Primeiro, o seu time passava à frente, e depois o outro fazia mais dois pontos. Em certo ponto, um dos seus colegas perdeu a bola para o adversário bem antes de um arremesso importante. Steve pulou do banco.

— Seu...

No momento em que estava prestes a soltar um palavrão, viu o treinador olhando para ele, quase pedindo que ousasse terminar a frase. Ao perceber a mensagem, sentou-se quietinho.

Para lá e para cá os dois times batalhavam até os últimos dois minutos de jogo. Foi então que Bob fez uma cesta de três pontos, abrindo seis pontos em relação ao adversário. Em seguida, Damon ficou com um rebote do adversário e, correndo pela quadra, marcou mais dois pontos, aumentando a vantagem em oito pontos. Quando o tempo se esgotou, todo o time de Steve se juntou na quadra para juntos baterem nas mãos uns dos outros e se abraçarem. Steve uniu-se a eles. Eles passaram para as finais do campeonato distrital.

Depois de tomar banho e se trocar, Steve saiu do vestiário e encontrou o treinador Higgins.

— Steve, preciso falar com você um minuto. – O menino o acompanhou até o escritório. — Você passou dos limites hoje à noite. Não uma vez, mas muitas, e não posso ignorar isso.

Steve olhou para ele sem entender.

— O quê? Ora, perdi o controle e proferi algumas palavras que não devia. Desculpe-me. Vou melhorar.

A VERDADE DESPLUGADA:

Deus lhe deu habilidade, inteligência e criatividade para expressar-se sem ter de usar linguagem indecorosa.

O treinador confirmou com a cabeça e fez sinal para Steve se sentar na cadeira do outro lado da escrivaninha.

— Steve, você é um bom jogador e um bom rapaz, porém a sua língua está fora de controle. Acha que pode pronunciar tudo que quiser e depois pedir desculpas, e tudo ficará bem. Mas as coisas não são assim. A sua linguagem nos custou tempo e pontos valiosos hoje. E mais do que isso, fiquei constrangido por você e pelo time. Todavia não terei mais de passar por isso. Está suspenso até o final do ano. Nas últimas semanas, o alertei diversas vezes acerca de suas explosões verbais. Se você puder melhorar sua atitude, no próximo ano estará no time. Contudo, nem sonhe em voltar à minha quadra praguejando como um marinheiro. Estamos entendidos?

Steve permaneceu pasmo.

— Então não posso jogar as finais? Não é justo!

— Eu lhe direi o que não é justo — afirmou o treinador, inclinando-se sobre a escrivaninha. — Não é justo que os outros jogadores e eu tenhamos de ouvir sua boca suja vomitar palavrões. É isso que não é justo. Achava que talvez você pudesse mudar. É por isso que lhe dei muitas e muitas oportunidades. Contudo, percebi que você criou um hábito, e às vezes devemos tomar medidas extremas para acabar com um hábito.

Steve deixou o escritório do treinador sentindo-se extremamente arrasado. Não dava para crer que havia sido suspenso do time pelo resto do ano. Ficou revoltado com o treinador Higgins por assumir uma posição tão dura. Porém, mais do que tudo, estava bravo consigo mesmo por deixar que a sua linguagem ficasse tão fora de controle, custando-lhe a oportunidade de jogar as finais.

Enquanto os jogadores saíam para comemorar a vitória numa pizzaria, Steve foi para casa sentindo-se muito só.

LINK DA VERDADE:

Querido Jesus, ajude-me a manter minha boca limpa, livre de linguagem suja. Quero ser um bom exemplo de como o seu povo deve falar e agir. Amém.

IMPLEMENTAÇÃO DA VERDADE:

Você já esteve perto de alguém que dizia palavrão o tempo todo? Há quem pense erroneamente que falar palavrão é legal. Tudo começa com a intenção de a pessoa ser aceita pelos outros, no entanto, com o tempo, torna-se um mau hábito. A verdade é que falar palavrão diz muita coisa a respeito de você. Demonstra que é incapaz, seja por causa da falta de educação ou de criatividade de expressar-se claramente com palavras inteligentes. Basicamente, dizer palavrão denigre você.

As pessoas — os amigos, os professores, os vizinhos, os patrões e os colegas da escola — julgam-na baseados na maneira como você se expressa. Embora não queira ser governado pela opinião das pessoas, você tem de perceber que elas têm o poder de tornar a sua vida mais fácil ou mais difícil. Quando isso acontecer, Deus o tornará criativo, inteligente e especial. Então, decida não dizer palavrão. Deus o criou muito melhor do que isso.

MELHOR DO QUE VOCÊ PODE IMAGINAR

Morte

DOWNLOAD:

Em todas estas coisas somos mais que vencedores, por meio daquele que nos amou. Pois estou convencido de que nem morte nem vida, nem anjos nem demônios, nem o presente nem o futuro, nem quaisquer poderes, nem altura nem profundidade, nem qualquer outra coisa na criação será capaz de nos separar do amor de Deus que está em Cristo Jesus, nosso Senhor. **Romanos 8.37-39 (NVI)**

Dan sentou-se no quarto de Terry. Ele tinha de se afastar de todas as pessoas que estavam na casa, pois ainda não conseguia acreditar que o seu melhor amigo havia falecido. Dizia para si mesmo que Terry se fora, mas o seu coração não conseguia acreditar. A qualquer minuto esperava que Terry entrasse no quarto.

— O que há de errado com você? — ele diria. — Está um dia lindo lá fora. Por que perder tempo aqui?

Este era Terry — aventureiro, divertido e feliz. As pessoas sempre se sentiam melhor quando ele estava por perto.

O que vou fazer agora?, perguntava-se Dan.

A sua família e os amigos lhe diziam que os seus sentimentos eram normais, mas não *parecia* normal. Ele ainda estava em choque.

Às vezes, sentia-se tão revoltado que desejava bater em alguém. Por que Terry e sua família tinham saído de férias para a Flórida? Eles nunca tiravam férias, então por que este ano? E por que Terry havia entrado no mar naquela manhã sozinho? Dan já sabia a resposta.

Terry sempre fora um nadador forte, e não havia nada que adorasse fazer mais do que nadar logo pela manhã. Tinha sido salva-vidas na piscina pública, por isso não havia razão para duvidar que pudesse dar conta de nadar sozinho naquela manhã. Infelizmente, Terry estava errado. Horrivelmente errado. De acordo com a guarda costeira, ele fora longe demais e acabara sendo pego por uma corrente da qual não conseguiu se livrar. Foi arrastado para o alto mar e afogou-se.

Os pais dele sentiram sua falta quando não apareceu para o café da manhã. Entretanto, nesse meio tempo, já era tarde demais. Ele já estava morto.

Dan continuou sentado no quarto de Terry. Olhando tudo, sentia que o amigo estava ali. Viu as fotos dele com a família e os amigos — geralmente posando de uma maneira engraçada —, os troféus de natação e todas as coisas dignas de serem lembradas que estudantes de Ensino Médio têm em seus quartos. Olhou a bateria que Terry costumava tocar. Em seguida, viu a Bíblia surrada que ficava na cômoda de Terry.

Levantando-se em direção à cômoda, pegou a Bíblia. Terry amava a Bíblia, adorava a Deus — pura e simplesmente. No ano anterior, havia convidado Dan para participar do acampamento da igreja. "Você vai adorar!", prometera Terry. E ele estava certo. Dan acabou indo e ficou surpreso ao descobrir que tudo relacionado à igreja era muito interessante.

Durante o acampamento, Dan aceitou a Jesus e dedicou-lhe sua vida. Se não fosse por Terry, nunca teria descoberto como a vida com Cristo é satisfatória e gratificante com Cristo. Antes de se tornar cristão, tinha muito pouca esperança em sua vida. Sentia-se deprimido e revoltado com o mundo.

Desde então, sentia-se em paz — em paz com os seus pais, seus amigos e, especialmente, consigo mesmo. Em vez de ver o que estava errado em sua vida — o divórcio dos seus pais, a rebeldia do seu irmão e tudo acerca de si mesmo —, agora percebera o quanto era abençoado. Deus tinha lhe dado dois pais que o amavam e um irmão que aos poucos se aproximava dele.

Foi isso que Terry havia feito por ele. Mais do que qualquer coisa — mais do que a amizade e as risadas —, ele havia apresentado Dan a Jesus. Era uma dívida que Dan não tinha como pagar. Todavia, e agora? Agora, Terry fora embora e Dan fora deixado a se perguntar como algo tão horrível pôde acontecer com uma pessoa tão boa.

— Dan, você está bem? — ele voltou-se e viu a mãe de Terry parada à porta do quarto.

— Sim, só precisava me afastar um pouco — proferiu Dan em voz baixa. — Espero que esteja tudo bem com o fato de eu estar aqui.

A mãe de Terry lhe deu um sorriso triste.

— Claro. Eu também venho aqui e me sento sozinha. De alguma maneira, só o fato de estar cercada pelas coisas dele me faz sentir melhor.

Dan concordou.

— Ainda não consigo acreditar, sabia? Fico repassando em minha mente aquela manhã repetidas vezes, tentando descobrir o que eu poderia ter feito de diferente. Poderia tê-lo proibido de ir nadar sozinho, porém ele fez isso tantas vezes que nem me ocorreu dizer algo. — Lágrimas brotaram de seus olhos. — Sinto muita saudade dele. Às vezes, não sei se vou conseguir enfrentar outro dia.

Dan engasgou-se ao deixar que as lágrimas represadas o dia todo viessem à tona. Indo em direção à mãe do seu melhor amigo, segurou a mão dela. Depois de alguns minutos, ambos enxugaram as lágrimas e saíram para se juntar aos outros.

Enquanto Dan caminhava pela sala de visita, viu alguns amigos da escola reunidos em um canto, conversando e chorando. Dan juntou-se a eles para lembrar as histórias sobre Terry. Algumas eram engraçadas, outras sérias. Conversaram sobre as viagens missionárias ao México, onde Terry dera todas as suas coisas aos pobres que encontrou pelo caminho. Depois contaram a história sobre a arrecadação de fundos para o lava-carros, quando Terry ensopou o pastor e iniciou uma guerra de água. E as histórias prosseguiam sem parar. Em cada uma, surgia a personalidade de Terry, seu amor pelas pessoas e a Jesus. Dan se perguntava como continuaria vivendo sem o seu melhor amigo.

A VERDADE DESPLUGADA:

A morte não é o fim; é o começo de uma vida na eternidade com Jesus quando tudo que Deus tem para você fazer na terra já foi realizado.

Sentindo que precisava de espaço, Dan foi para casa. Queria ficar só para refletir e orar. Sabia que ainda levaria um bom tempo até se conformar com a morte de Terry. E embora não entendesse o porquê, sabia que Deus era o único que o ajudaria a atravessar essa fase sem ficar ferido.

Ao chegar em casa, sua mãe o esperava na porta. Apesar de ter assistido ao funeral, permanecera somente alguns minutos na casa de Terry. Dan compreendia que a morte do amigo havia sido difícil para sua mãe também, porque ela ficava abraçando-o e olhando para ele como para se certificar de que estava ali.

— Dan, tem correspondência para você — avisou sua mãe vagarosamente.

— Sim, de quem? — perguntou Dan. Honestamente, ele não dava a mínima. Estava cansado e irritado, e queria ficar sozinho.

Lentamente, sua mãe lhe deu um cartão postal. Dan pegou e olhou a foto na frente. Um frio subiu pela sua espinha. Era uma paisagem bonita do litoral da Flórida com praias de areias brancas e água transparente. Virando o cartão, imediatamente reconheceu a letra de Terry. As palavras se borraram enquanto as lágrimas caíam dos seus olhos. Ele percebeu que havia sido postado um dia antes da sua morte. Estava escrito assim:

Dan,

Você não imagina como é bonito aqui. As fotos e as descrições não fazem justiça à realidade. Você tem de ver para crer. Mal posso esperar para vê-lo de novo..

Não deixe de orar!

Terry

Ao estreitar o cartão postal, Dan chorou. Embora soubesse que sentia saudades do seu amigo — e que sempre sentiria —, confortou-se com o fato de que Terry estava em um lugar lindo com Jesus. Apesar de ser difícil imaginar não vê-lo de novo neste mundo, Dan sabia que eles *se veriam* novamente. E quando isso acontecer, quantas histórias terão para contar!

LINK DA VERDADE:

Querido Jesus, ajude-me a manter os olhos em ti — mesmo em meio à perda de alguém. Não deixe de me lembrar que este mundo não é o fim,

mas só o início de uma vida na eternidade com o Senhor. Dá-me força para enfrentar a perda sem me sentir sufocado pelo desespero. O Senhor sabe como sinto saudades dessa pessoa. Sei que é importante continuar vivendo para realizar os propósitos e planos que o Senhor tem para a minha vida, por isso, ajude-me a ser forte. Amém.

IMPLEMENTAÇÃO DA VERDADE:

Você perdeu alguém que ama — um avô, um pai, um amigo? É coisa difícil de enfrentar. Talvez sinta uma dor profunda, esteja chocado ou com revolta. Lembre-se de que a morte não é o fim. Cuidado para que a dor não se transforme em desesperança. Se os seus entes queridos conheceram Jesus como Salvador, então estarão no céu com Ele. E o que é melhor, você voltará a vê-los.

Não fique impaciente querendo ver os seus queridos antes da hora determinada. Pelo contrário, viva a vida da maneira que Jesus quer que você viva, seguindo-lhe todos os dias. Agindo assim, Ele lhe dará paz, consolo, força e sabedoria para enfrentar o dia a dia e realizar os planos que tem para você.

O DILEMA DE DIRIGIR

Verdade Desplugada

Paciência

DOWNLOAD:

De modo que vocês não se tornem negligentes, mas imitem aqueles que, por meio da fé e da paciência, recebem a herança prometida. **Hebreus 6.12 (NVI)**

— Cuidado! — gritou o pai de Trent do banco do carona no carro. — Você tem de olhar para os dois lados antes de entrar na rua.

— Pai, estou tentando. Você está me deixando nervoso — respondeu Trent.

— Preste atenção para onde você está indo!

— Pare de gritar comigo! — replicou Trent esquentado.

— Chega! — esbravejou seu pai determinado. — Vamos para casa.

Entrando em casa pela porta da garagem, Trent caiu pesadamente em uma cadeira da sala de jantar. O seu pai retirou-se para a sala de visita e ligou a televisão. Voltando-se para sua mãe que estava cortando legumes para o jantar, Trent reclamou:

— Mãe, não posso levar desse jeito. Meu pai entra em crise toda vez que estou dirigindo. Ele exagera completamente. Se tem um carro a um quilômetro de mim, tem certeza de que vou bater.

A sua mãe sorriu:

— Querido, você tem de ser paciente com ele. Não é fácil ensinar um filho adolescente a dirigir.

— Paciente com ele? — indagou Trent chocado. — Que tal se ele for paciente comigo? Como posso aprender a dirigir enquanto ele está gritando? — Depois, fitando tristemente o guardanapo de papel que ele tinha picado em pedaços, interrogou:

— Por que você não pode me ensinar?

— Trent, sei que isso não é fácil. Todavia, é importante para o seu pai ensiná-lo a dirigir e levá-lo ao teste de direção. Só lhe dê tempo. Quando você melhorar, ele vai relaxar mais no carro. Eu prometo. Vai dar certo.

Trent não tinha tanta certeza. Levantando-se da mesa, subiu as escadas para lavar as mãos para o jantar. Por que o seu pai estava sempre tão tenso com ele em relação a isso? Claro que às vezes ficava zangado com o filho, porém geralmente era bem legal. Esta era uma das poucas coisas que pareciam levá-lo à beira de um ataque de nervos. Ele ficava frustrado muito rápido.

Durante o jantar, Trent ficou calado. Percebeu que o seu pai também estava muito quieto. Tentando quebrar o silêncio, a mãe de Trent e a sua irmãzinha conversavam de um lado para o outro.

Sua irmã falava a esmo, estabanadamente, sobre suas aulas de tênis. Jogar tênis era uma tradição de família. Trent havia tido aulas de tênis quando era mais novo, e agora era a vez de Bethany.

— Trent, você pode me levar ao parque amanhã e me ajudar com os saques? — pediu Bethany animadamente. — Acho que quase consegui, entretanto quero que você me mostre mais uma vez.

Trent encolheu os ombros. Nos últimos três finais de semana, havia ido ao parque para mostrar a Bethany como sacar ou para treiná-la no rebate. Não que Trent se importasse, mas às vezes tinha a impressão de que Bethany não gostava de suas dicas. Quando Trent mostrava uma nova jogada ou procurava melhorar a técnica da irmã, levava uma eternidade para Bethany entender.

— Acho que — começou Trent — não quero ir lá perder meu tempo. Não devia levar tanto tempo até você pegar o jeito.

Bethany franziu as sobrancelhas e olhou para o prato.

— Eu faço o melhor que posso, sabia? Não é fácil.

Trent não respondeu. Ele percebeu que sua mãe o observava com uma expressão curiosa no rosto, porém não podia perder tempo com isso. Tinha outras coisas em sua cabeça. Como iria aprender a dirigir e estar pronto para fazer a prova de direção em três meses? Voltando-se para o pai, perguntou:

— Pai, quando podemos praticar de novo?

Seu pai parou de comer e olhou para Bethany e sua mãe antes de responder:

— Eu não sei, mais tarde.

— Mas, paaaai, preciso estar preparado para a prova de direção — protestou Trent.

Ele sabia que seu pai ficaria irritado com ele, todavia não pôde evitar. Não queria ser o *único* adolescente de dezoito anos em sua escola a não ter carteira de motorista. Além disso, tinha planos. Queria dirigir o carro de sua mãe para os eventos da escola e nos ensaios da banda depois das aulas. Se ele não treinasse, nunca estaria pronto.

— Trent — afirmou seu pai em um tom que o alertava a aquietar-se. — Eu disse mais tarde.

O garoto olhou para ele e em seguida de volta para a mãe antes de pousar o garfo no prato.

— Está bem — concordou ele. — Podem me desculpar? Gostaria de ir para o meu quarto.

Já em seu quarto, sentou-se na cama e ficou emburrado. Seu pai estava sendo tão injusto. Ele não era mau motorista. Com certeza não pior do que os outros jovens da sua idade. Ele apenas precisava praticar. Por que o seu pai estava sendo tão cabeça dura? E por que era tão impaciente com ele sempre que praticavam? *Se ao menos relaxasse*, refletiu, *eu aprenderia e ele não correria o risco de ter problemas nas coronárias.*

Toc, toc, toc.

Trent ouviu uma leve batida em sua porta.

— Entre — disse ele.

Cuidadosamente, sua mãe se esgueirou para dentro do quarto.

— Como você está? Não comeu muito. — Trent resmungou que não estava com fome, e sua mãe continuou:

A VERDADE DESPLUGADA:

A paciência é uma virtude que você pode desenvolver orando e observando cuidadosamente as pessoas.

— Você sabe que seu pai vai ensiná-lo a dirigir. Só precisa de um pouco mais de tempo.

— Mãe, já saímos duas vezes até agora e mal demos uma volta no quarteirão. Ele fica tão nervoso que me deixa tenso. Agora ele nem mesmo quer me levar. Como vou aprender?

Sua mãe concordou:

— Tem razão. Ele precisa ter mais paciência com você. Não pode esperar que você seja um motorista profissional nas primeiras vezes que fica atrás de um volante.

— Exatamente — esbravejou Trent.

A mãe continuou concordando.

— Sei que você está fazendo o melhor. Só precisa de mais prática.

— Trent assentiu, embora tivesse a leve desconfiança de que sua mãe estava planejando lhe dizer alguma coisa.

— Só precisa de alguém que trabalhe com você e o ajude a melhorar, como faz um treinador — assegurou ela enfaticamente.

De repente, Trent percebeu onde sua mãe estava chegando.

— Você está comparando isso ao fato de eu ensinar Bethany a jogar tênis? Mas, mãe, não é a mesma coisa.

Sua mãe não disse nada. Apenas devolveu o olhar de Trent.

— Mãe, não é a mesma coisa — persistiu Trent. — Eu ajudo Bethany o tempo todo. Entretanto, ela não aprende. Tenho trabalhado com ela sem parar. É frustrante.

Novamente, sua mãe não respondeu. Apenas sorriu e assentiu com um olhar bem-humorado. Trent sentiu o rosto enrubescer. Ele tratava a irmã da mesma maneira que o pai o tratava. Ficava frustrado, era de pavio-curto e fazia com que Bethany se sentisse uma fracassada.

— Tudo bem — assentiu, finalmente. — Vou ajudar Bethany com o tênis. Serei mais paciente e não farei com que ela se sinta uma fracassada, só porque demora a aprender.

Sua mãe continuou sorrindo.

— Isso será muito bom.

— Darei ao papai um tempo com as aulas de direção e tentarei me lembrar de que está dando o melhor de si — acrescentou.

A mãe dirigiu-se à cama do filho e sentou-se. Em seguida, com um abraço, declarou:

— Você é um ótimo garoto, sabia? Estou muito orgulhosa de você.

Trent sorriu e a abraçou também.

— Você é minha mãe. Tem de dizer isso.

Mas Trent teve de admitir que era muito bom ouvir isso.

LINK DA VERDADE:

Querido Jesus, ajude-me a ser paciente com as pessoas, a fim de que não fique irritado quando não fazem alguma coisa certa, ou quando as coisas não são feitas à minha maneira. Pelo contrário, dê-me resistência para lidar com as coisas com alegria e honradez, como o Senhor gostaria que eu fizesse. Amém.

IMPLEMENTAÇÃO DA VERDADE:

Sabe como é quando alguém perde a paciência com você, e você facilmente fica frustrado com as pessoas ou os problemas? Às vezes pensa: Não tenho paciência para lidar com isso?

A paciência é algo que você pode desenvolver. Pode se tornar mais tolerante com a família, os amigos, as pessoas estranhas e até com as situações, para que, quando as coisas não acontecerem da maneira ou no tempo que espera, você tenha a bênção de lidar bem com elas. Se você quer mais paciência em sua vida, peça a Deus para ajudá-lo a desenvolvê-la. Depois, observe as pessoas em sua vida e as pessoas na Bíblia que têm ou tiveram grande paciência. Aprenda com elas e fique atento às emoções que sentir quando estiver em uma situação tensa. Quando estiver ficando frustrado, respire fundo e faça a escolha de permanecer calmo. Deste modo, se tornará uma pessoa mais paciente.

IMPRESTÁVEL

Suicídio

DOWNLOAD:

Porque Deus amou o mundo tanto, que deu seu único Filho, para que todo aquele que nele crer não morra, mas tenha a vida eterna. **João 3.16 (NTLH)**

Ben sentou-se no chão do seu quarto, segurando uma pequena arma de mão. Era mais pesada do que ele pensava que fosse. E quanto mais tempo segurava, mais pesada ficava. Será que teria coragem de seguir em frente com o plano? Mas então, qual seria a alternativa? *Continuar com a vida da maneira que tem sido? Não, isso não é opção,* refletiu ele, escondendo lágrimas de revolta.

Ele tinha ouvido os seus pais discutirem sobre ele.

— Você nunca está por perto — jogou sua mãe na cara de seu pai. — Era para ficar com ele a cada quinze dias, mas sempre cancela. Também preciso de uns dias de folga, sabe?

— O quê? Para que possa ficar sozinha com mais um dos seus namorados que arrasta você para casa? Ah, me dá um tempo — rebateu seu pai. — É você a mãe dele, pelo amor de Deus. Não espera que eu arrume a bagunça que causou, não é? — E continuaram jogando acusações para lá e para cá.

Ambos estavam divorciados há anos. As únicas vezes que se falavam eram quando Ben cometia um erro ou quando a pensão estava atrasada. Toda vez que falavam de Ben e seus problemas, tinham intensa satisfação em apontar o dedo em riste um para o outro. Cada um queria culpar o outro.

Ben fechou os olhos, pensando em como seria bom não ter de ouvi-los mais discutir. Ele podia ser livre e não ter de agüentar mais a última paquera de sua mãe zanzando pela casa e tentando ser legal com ele. E não seria forçado a ouvir outro sermão de seu pai sobre o que gostaria que o filho fizesse na vida e como precisava ser decidido e trabalhar com afinco, em vez de perder tempo com coisas fúteis dos adolescentes. Ben sempre desconfiara que as conversas de estímulo de seu pai eram porque ele estava contando os dias até que completasse dezoito anos — quando então poderia parar de enviar-lhe a pensão mensal.

Isso não quer dizer que Ben os culpasse.

Ele precisava admitir que não tinha nada do que se orgulhar. Tentou ser o filho perfeito, mas não se ajudava. Ele não era bonito, nem inteligente, nem espirituoso, além de não ter muitos amigos.

— Quem poderia amar alguém como eu? — questionou ele em voz alta no quarto vazio.

Ao olhar em torno do quarto, começou a se preparar. Não queria que houvesse muito para sua mãe limpar, por isso decidiu fazer isso na cama, a fim de que sua mãe pudesse jogar tudo fora. Não teria de substituir o carpete ou repintar alguma parede. Ben seria cuidadoso.

Será que vão sentir falta de mim?, perguntou-se. *Será que nem mesmo um pouquinho?*

Talvez o seu pai tivesse de perder um dia de trabalho para ir ao funeral. Quem sabe até desligasse o celular, mas ao menos não teria de enviar mais pensão.

E quanto à sua mãe? Será que arrastaria o seu último namorando bobão para ir ao funeral de Ben? *Espero que não*, pensou o garoto.

Então se deteve. E quanto à avó Lil? Ben não havia pensado nela. Sua avó sentiria muita saudade dele. Sentando-se à maneira índia, refletiu que a única pessoa que o fazia sentir-se amado era sua avó Lil.

Ela era tudo o que uma avó devia ser: calorosa, afetiva, forte e inteligente. Ben adorava visitá-la na fazenda. Já estava com seus sessenta e poucos anos, no entanto, ainda mantinha uma pequena fazenda no campo com galinhas, um jardim e até uma vaca velha que ordenhava todos os dias. Quando estava lá, Ben sempre se sentia muito seguro e útil. Ele ajudava a avó a cuidar do jardim, a catar os ovos das galinhas e até a ordenhar a vaca. E quando se sentavam no jardim para tomar um suco feito de uma fruta do pomar, sempre davam as mãos e agradeciam a Deus.

Normalmente, Ben não ia à igreja. Isso era algo que os seus pais nunca haviam feito. Todavia, quando estava na casa da avó, não conseguia imaginar em não ir. Sentados na velha e pequena igreja, Ben sentia-se tão aquecido e amado como na cozinha de sua avó Lil.

Ben adorava aquelas visitas à fazenda. Contudo, eram poucas e distantes uma da outra. Isso não quer dizer que a sua avó morasse muito longe, mas que os pais de Ben estavam ocupados demais para levá-lo, e a avó Lil não gostava de dirigir na cidade. Dizia que ficava muito nervosa.

A VERDADE DESPLUGADA:

O suicídio nunca é a resposta para a falta de esperança que você sente. Mas Jesus é a resposta. Deus tem planos maravilhosos para a sua vida, por isso, não desista.

Imaginando o que devia fazer, Ben decidiu que ao menos ligaria para a avó mais uma vez para dar um último adeus. Pegou o telefone, que ficava ao lado da cama, e discou o número.

— Ben — sua avó gritou ao telefone depois que o neto se identificou. — Como está o meu neto preferido?

— Estou bem, vovó. Só estou ligando para dizer oi.

— É muito estranho — começou sua avó com a voz assumindo um tom sério —, você tem estado em minha mente o dia todo. Pedi a Deus que cuidasse do meu netão. Tem certeza de que está tudo bem?

Ben sentiu um aperto na garganta.

— Sim, claro, vovó. Estou bem — proferiu ele sufocado.

A avó ficou em silêncio por um momento antes de responder.

— Estive pensando que já está na hora de uma visita sua. Quando é que você pode vir?

— Não sei. Terei de conversar com a mamãe e ver quando ela pode me levar.

— Sabe de uma coisa? Eu mesma vou buscá-lo. Quando é que pode vir? — respondeu sua avó com determinação.

— Mas vó, a senhora não gosta de dirigir na cidade — respondeu Ben debilmente.

— Não se preocupe com isso. Vou pegar uma das minhas amigas, e tiramos um dia para isso.

À medida que Ben a ouvia, as lágrimas que havia sufocado começaram a escorrer pelo rosto. Tentou segurá-las como pôde, no entanto, os soluços lhe irromperam na garganta.

— Oh, Ben — respondeu a sua avó ao choro. — Deus vê você. Ele me avisou que precisava da sua avó. Eu o amo muito. Você nem imagina o quanto é especial.

Ben ouvia a emoção na voz da avó e sentia o seu amor vindo direto pelo telefone.

— Agora — continuou sua avó — quero que pegue aquela Bíblia pequena que lhe dei no Natal.

O garoto lentamente levantou-se para tirar a Bíblia da estante.

— Abra no índice e encontre o Livro de João no Novo Testamento. Quero que leia o Livro de João inteiro. Você verá que Jesus o ama e morreu por você. Não está sozinho, porque Ele está bem aí junto de você.

Ben prometeu ler, e então sua avó acrescentou:

— Eu vou ligar para a sua mãe imediatamente e combinar de pegá-lo amanhã. Então, apronte-se e me espere.

Depois de desligar o telefone, Ben sentiu-se mais esperançoso do que havia sido desde a muito, muito tempo atrás. Abriu a Bíblia e começou a ler. Conforme a história se desenrolava, Ben sentiu uma paz que nunca havia sentido antes tomando conta dele. Depois de terminar o Livro de João, foi para o seguinte, Atos dos Apóstolos, ansioso por descobrir o resto da história.

Lentamente, percebeu que não era assim tão imprestável. Se o que lera era verdade, o Deus do universo achava que ele era valioso e digno. Fechando os olhos, Ben começou a conversar com Jesus sobre todos os sentimentos que havia escondido de todo o mundo por tanto tempo. Embora não recebesse uma resposta audível, sabia, sem sombra de dúvida, que Ele o escutava e respondia, porque o amava o suficiente para achar que suas palavras, pensamentos e sentimentos eram muito importantes.

LINK DA VERDADE:

Querido Jesus, sinto como se estivesse no fim da linha. Sinto-me tão amedrontado e miserável que me desespero ao querer parar a dor de qual-

quer modo — mesmo que isto signifique acabar com a minha vida. Ouço as pessoas dizerem que as coisas vão melhorar, porém não sei se consigo segurar a barra. Mostre-me para quem devo me voltar, ou o que posso fazer para que a dor cesse. Amém.

IMPLEMENTAÇÃO DA VERDADE:

Você já se sentiu tentado a acabar com sua vida? Essa não é a solução de Deus para a sua situação. Ele o ama e quer ajudá-lo. Peça-lhe para direcioná-lo para alguém em quem confie — um membro da família, um amigo, um pastor ou outra pessoa. Não permita se entreter com pensamentos de dar cabo da vida. Você é mais valioso e precioso do que as palavras podem descrever, e Deus tem um plano lindo para a sua vida, que é mais real do que a desesperança que está sentindo no momento.

SAÍDA FÁCIL

Mentira

DOWNLOAD:

Pelo que deixai a mentira e falai a verdade cada um com o seu próximo; porque somos membros uns dos outros. **Efésios 4.25**

Ivan chamou à ordem a reunião do anuário:*

— Temos muito a resolver esta semana. Então, vamos começar — ordenou, abrindo a reunião. — Primeiramente, temos de bolar um tema para o anuário. Alguém tem alguma idéia?

Era o primeiro ano de Ivan como editor do anuário. Depois de trabalhar nele nos últimos dois anos, teve a oportunidade de encarregar-se do trabalho. Ele estava ansioso para reunir-se com a equipe responsável por isso e debater os detalhes. Idéias nada sérias corriam de um lado para o outro, deixando a equipe passional. Uns queriam basear o tema numa canção popular. Outros queriam baseá-lo em eventos atuais. Um ou outro sugeriu idéias que eram totalmente fora de propósito.

Ivan adorava o processo criativo, porém a reunião também o ajudou a ter uma idéia do potencial de sua equipe. Kathy, outra veterana do anuário, era muito criativa. Sam e Mike eram ótimos fotógrafos, muito visuais. Debra adorava escrever, por isso suas idéias eram direcionadas a trocadilhos e jogos de palavras. Havia também uma novata chamada Jeri, que havia trabalhado no anuário júnior, por isso tinha certa experiência. Entretanto, Ivan achava que era muito nova para todo o procedimento. Ela tinha muito a aprender.

Após a reunião, Jeri aproximou-se dele:

— Ivan, gostaria de fazer uma sugestão. Meu tio é fotógrafo, e ele me disse que está disposto a fazer algumas fotos bem diferentes para os veteranos este ano. Ele mora em uma fazenda com um lago e pode realizar ótimas tomadas ao ar livre.

Em seguida, entregando a Ivan um monte de fotos, acrescentou:

— Ele tirou estas de mim o ano passado. Realmente, ele é muito bom.

Ivan folheou as fotos. Elas eram boas, bem diferentes do que as típicas fotos de veteranos. Pareciam fotos de uma revista de moda. Havia incorporado o lago como fundo e tirado bonitas fotos de Jeri no meio de flores silvestres.

— São *mesmo* boas — admitiu ele. — Todavia, há anos que nos servimos dos serviços da Foto Bryson.

— Sim, eu sei, mas talvez pudéssemos dar aos alunos uma escolha. Meu tio garantiu que lhes daria uma atenção toda especial.

— Está bem, deixe-me conversar com a dona Glen, nossa patrocinadora, a esse respeito — disse Ivan, devolvendo as fotos para ela.

Em poucas semanas, o anuário estava em plena atividade. Os integrantes expunham várias idéias para serem difundidas. Determinaram o tema, começaram a fazer com que os clubes se envolvessem no planejamento de suas páginas e receberam pedidos de publicidade. Ivan começara a sentir a pressão de organizar tudo a tempo e dentro do orçamento.

Um dia, Jeri dirigiu-se a ele e perguntou:

— Oi, Ivan, já conversou com a dona Glen a respeito do meu tio?

Ivan se deteve. Tinha esquecido completamente.

— Não, ainda não falei com ela sobre isso. Vou falar esta semana. Desculpe-me, tenho de ir — virou-se e saiu correndo pelo corredor. Ivan não tencionava desprezar Jeri, porém estava muito ocupado para pensar sobre o tio fotógrafo de Jeri.

Durante as semanas que se seguiram, Jeri perguntou a Ivan sobre a possibilidade de usar os serviços fotográficos do seu tio. Não era que ele tivesse algo contra Jeri ou seu tio, mas a insistência de Jeri estava ficando chata. Era a primeira vez que ela trabalhava no anuário da escola. Por que não desistia da idéia? Eles já tinham um fotógrafo e permanecer com o mesmo simplificaria as coisas. E nesse momento Ivan precisava de coisas simples.

Em uma de suas reuniões semanais, Jeri perguntou novamente se Ivan havia levantado a questão com a dona Glen. Exasperado, ele respondeu:

— Sim, vamos continuar com os serviços da Foto Bryson. Vamos em frente.

Jeri o encarou incrédula, pois o trabalho de seu tio era tão obviamente superior que ficou desapontada pela decisão ter sido tomada sem nem ao menos discutirem com os demais integrantes da equipe do anuário.

Dois dias depois, Ivan estava trabalhando até tarde na sala do anuário quando Jeri entrou:

— Preciso falar com você — disse Jeri inexpressivamente.

Ivan ergueu o olhar:

— Está bem. O que é? — Ele tinha a nítida impressão de que Jeri estava zangado.

— Por que você mentiu para mim? — perguntou Jeri esquentada com as mãos na cintura. — Disse que tinha falado com a dona Glen sobre usar os serviços fotográficos do meu tio, porém você nunca falou com ela. Eu sei, porque conversei com ela sobre isso hoje e acha que é uma ótima idéia.

— Você agiu nas minhas costas? — perguntou Ivan surpreso.

— Não gostei da sua resposta. Não havia razão para isso. Os serviços da Foto Bryson são pouco convincentes, e os alunos reclamam das fotos todos os anos, então por que não lhes dar uma escolha?

— Como você sabe que os alunos reclamam todos os anos? Você é *novata* — retaliou Ivan.

— Ah, logo vi. Não posso ter uma opinião, porque sou novata. Bem, isso é estupidez, Senhor Editor do Anuário. Eu também faço parte da equipe — disse Jeri zangadamente. — E só para deixar claro, não é necessário um transplante de cérebro para saber que os serviços da Foto Bryson são pouco convincentes. Tenho dois irmãos mais velhos que foram lá tirar as fotos para o anuário deles. Depois tiraram fotos com o meu tio. Todo o mundo adorou as fotos que meu tio tirou.

— Eu não dou a mínima se o seu tio é o melhor fotógrafo do mundo. É mais fácil usar um fotógrafo, e escolhemos a Foto Bryson — afirmou Ivan taxativo.

— É mesmo? Bem, a dona Glen vai telefonar para você para falar sobre isso e sobre o fato de ter mentido ao dizer que conversou com ela — disse Jeri cruzando os braços. — E pode apostar que vou mostrar as fotos do meu tio para os outros alunos do anuário.

— Sou eu o editor e decidi usar os serviços da Foto Bryson. E ponto final.

— Qualquer um que prefere mentir a pensar no que é melhor para os colegas não serve para ser editor — completou Jeri, saindo da sala violentamente.

A VERDADE DESPLUGADA:

A mentira destrói relacionamentos. Ela forma um abismo entre a pessoa que mente e aqueles que ouvem e acreditam na mentira.

Ivan ficou furioso. Ele não *tencionara* mentir sobre ter falado com a dona Glen. Apenas ficou cansado com a insistência de Jeri e estava ocupado demais para se incomodar. Todavia, Jeri tinha razão. Ivan não havia lhe dado crédito ao propor uma nova idéia, só porque ela era novata. E em vez de fazer o que tinha proposto, se permitiu tomar uma saída fácil — e mentiu. Agora ele ia ter de encarar a dona Glen.

No dia seguinte, dona Glen o confrontou sobre ter mentido para Jeri e não levar suas idéias a sério. Conversou a respeito de ser um bom lider e dizer a verdade — mesmo nas situações difíceis. Dona Glen declarou que dependia de ele acertar as coisas, uma vez que ele mesmo causara aquilo. E por fim, alertou-o de que se não estivesse preparado para o desafio de ser o editor do anuário, talvez devesse abdicar.

Ivan assegurou que não se tratava disso.

Entrando na sala de reunião do anuário no dia seguinte, Ivan ficou de pé em frente de todos. Ele podia sentir a tensão ao redor da mesa. Jeri já havia contado às pessoas sobre a briga que tivera com Ivan e a mentira deste. Também mostrara as fotos de seu tio para todos. A turma dos veteranos zunia de animação com a oportunidade de ter suas fotos tiradas por ele.

Nervoso, Ivan começou:

— Tenho certeza de que todos já souberam a respeito da adição do novo fotógrafo dos veteranos. A turma fará a escolha de usar ou não as fotos que o tio de Jeri tirar.

E, parando para tomar ar, continuou:

— Também preciso pedir desculpas a Jeri por não ter sido honesto com ela na semana passada. Assegurei que havia conversado com a dona Glen sobre contratar ou não o tio dela, quando, na verdade, não havia falado. Estava muito ocupado com tudo e acabei esquecendo. Então quando ela me pressionou, respondi que já havia falado. Peço as minhas mais sinceras desculpas. De verdade.

À medida que a reunião continuava, a tensão diminuía. Ivan fez questão de ouvir as idéias de todos ao redor da mesa e ficou surpreso ao perceber que Jeri tinha muitas idéias boas. Depois, Ivan puxou Jeri à parte a fim de pedir desculpas de novo. Jeri aceitou o pedido, embora Ivan soubesse que levaria um tempo até que ela esquecesse o incidente. *Tudo para ser o editor do anuário*, refletiu o rapaz, enquanto observava Jeri sair. *Acho que seria muito menos estressante se aproveitasse as sugestões da turma.*

LINK DA VERDADE:

Querido Jesus, perdoe-me por dizer qualquer coisa menos do que a absoluta verdade. Mesmo quando pareça mais fácil mentir, ajude-me a ser honesto. Amém.

IMPLEMENTAÇÃO DA VERDADE:

Você já esteve numa situação que parecia mais fácil mentir, ou contar uma lorota, do que falar a mais absoluta verdade? Todos já mentiram. Embora a mentira possa ser a resposta mais fácil na hora, mais tarde ela volta para assombrar você.

Como todo o mundo mente, torna-se mais fácil mentir de novo, e de novo e de novo. Então, um dia, a verdade vem à tona e a mentira fica exposta. Depois disso, leva-se mais tempo e custa-se mais para reconquistar a confiança das pessoas às quais mentiu. Quando chega a esse ponto, não vale a pena. Embora a verdade seja difícil na hora, ela cuidará dos seus relacionamentos e nutrirá o seu respeito próprio ao longo do tempo.

* **N. do E.:** Jornal com os principais eventos escolares do ano.

VERDADE DESPLUGADA

HOMEM X MÁQUINA

Materialismo

DOWNLOAD:

Aquele que confia nas suas riquezas cairá, mas os justos reverdecerão como a rama. **Provérbios 11.28**

Brad não conseguia acreditar que o dia finalmente chegara. Aos dezoito anos de idade, estava prestes a comprar o seu primeiro carro, e não um carro qualquer — um Camaro 1968. Não podia ser nada melhor que isso.

Havia economizado por anos. Na verdade, começou a economizar para comprar esse carro desde os dez anos. Fez o que podia para ganhar dinheiro depois da escola, nos finais de semana e durante as férias de verão — tirou matinhos, cortou grama, passeou com cachorros, lavou carros e outras coisas que seus pais e vizinhos permitiam que fizesse.

Muitas vezes ele dizia para o pai: "Vai ser tão *legal* quando eu conseguir esse carro! Meus amigos vão morrer de inveja quando o virem".

Seu pai geralmente sorria e respondia alguma coisa como: "O carro não faz o homem, meu filho".

Como resposta, Brad sorria e confirmava, no entanto, por dentro discordava. Ser causa de inveja de todos os outros garotos na escola era uma grande coisa. O que poderia ser melhor? É lógico que se conseguisse o carro e uma garota *seria* muito melhor.

Brad sonhava em convidar Lana Murphy para sair. Ela era a garota mais bonita e popular da escola. Até então, não tinha coragem para fazer isso, todavia, com o carro mais bacana da escola, imaginou que poderia subir no índice de popularidade e ficar numa boa posição para pedir Lana em namoro.

Sabia que Sheila não ficaria emocionada ao saber do seu namoro com Lana. Sheila e Brad haviam sido amigos há anos. Ela morava na rua debaixo. Brad sabia que gostava dele, pois a garota havia tornado esse fato bem óbvio. Ela o convidava para sair com os amigos e sempre comparecia aos seus jogos de beisebol. No ano passado, Sheila até preparou uma festa surpresa para ele. Por vezes, Brad pensava nela mais do que uma amiga, entretanto, por mais que gostasse dela, não conseguia tirar Lana da cabeça. Claro que Sheila era bonita e divertida, porém Lana era linda e superpopular. Todos os rapazes da escola queriam sair com ela.

Se eu convidar Lana para sair, Sheila ficará magoada, pensou ele. *Mas tenho de fazer isso.* Ele não conseguia evitar; tinha de tentar.

Atrás do volante do seu novo carro, Brad sentia-se como um rei. Dirigiu para casa com as janelas abaixadas, sentindo o vento passar pelos seus cabelos. Após anos de planejamento, havia conseguido. Era todo seu.

Tinha de exibi-lo. Primeiramente, quis mostrar para Sheila. Mais do que ninguém, sabia o quanto ele havia trabalhado por isso. Ao estacionar em frente da casa dela e buzinar, a garota veio correndo para encontrá-lo.

— Brad, meus parabéns! É lindo!

Ela embarcou no carro, e juntos deram uma volta pela cidade. Foram a uma região da cidade em que todos os seus amigos estavam e freqüentavam uma lanchonete, assim Brad poderia mostrar o seu carro para alguns rapazes do time de beisebol. Ele estava no céu. Exatamente como havia imaginado, era o motivo de inveja de todos os seus amigos.

Na segunda-feira, entrou no estacionamento da escola e tomou o cuidado de estacionar o carro longe de qualquer caminhonete grande ou de carros com portas grandes para que não batessem nele. Havia trabalhado duro a fim de conseguir esse carro para deixar que o amassassem nos lados.

Antes da aula, Brad avistou Lana de pé conversando com um grupo de amigas. Respirou fundo, caminhou até o grupo e disse:

— Oi, Lana, tudo bem?

Virando-se para encará-lo, ela sorriu:

—Oi Brad. Tudo bem. E você? Soube que tem um novo carro. Parabéns.

— Sim, ele é bem legal. Economizei por muito tempo para comprá-lo.

Lana deu um sorriso como resposta.

Uau! Como ela é bonita, pensou Brad ao se despedir e ir para a sala de aula. *Tenho de convidá-la para sair.*

Depois das aulas, Brad foi até o estacionamento e viu que Lana caminhava em direção ao carro dela. Aventurando-se, foi até ela e combinou para irem ao cinema na sexta-feira à noite. Quando a garota aceitou, achou que extravasava de animação. Fingindo-se normal, replicou:

— Legal, pego você às seis. — Depois de terem trocado números de telefones e anotado o endereço da casa dela, Brad caminhou vacilantemente de volta para o carro e foi para casa. Só a meio caminho de casa é que se permitiu gritar — *Yes!* — nocauteando o ar.

Rapidamente, espalhou-se pela escola o "boato" de que Brad havia pedido Lana para sair. Embora odiasse, intencionalmente evitava Sheila. Previa que ela ficaria sabendo a respeito do encontro mais cedo ou mais tarde e não queria ver a sua reação. Ele poderia lidar com uma confrontação franca, entretanto era o silêncio pesado ou uma delonga em torno do assunto que o deixaria sem saber o que fazer. Era melhor evitar o problema, mas mesmo assim seria difícil. Brad perdera Sheila.

Na sexta-feira à noite, Brad se vestiu para o encontro. Certificara-se de que o carro estava em perfeitas condições — polido e limpo por dentro e por fora com todos os tipos de produto. Quando abriu a porta para Lana, percebeu uma expressão desagradável no rosto da garota.

— O que foi? — perguntou ele.

— Oh, nada — respondeu ela um pouco surpresa. — Só achei que você tivesse um carro *novo*. Não percebi que era velho.

Brad olhou para ela obviamente chocado.

— Este é um clássico.

— Sei! — exclamou a garota com um sorriso forçado.

A essa altura, Brad sabia que o encontro ia ser um fracasso. A noite só comprovou que estava certo. As coisas entre os dois foram rolando rapidamente ladeira abaixo. Brad descobriu que ele e Lana tinham tanto em comum como um pneu e uma tomada. Eles eram pessoas, porém nada mais que isso.

No dia seguinte Brad foi à casa de Sheila. Quando ela chegou à porta, olhou para ele surpresa e com uma ponta de irritação.

— E então? Como foi o encontro? — perguntou rápida como um corisco.

— Nada bom — respondeu ele indiferente.

A garota sorriu e confirmou com a cabeça, como se não estivesse nem um pouco admirada.

A VERDADE DESPLUGADA:

As coisas materiais não determinam o valor de quem você é.

— Eu podia ter dito a você que Lana não era a garota que achava que era. Apesar de ser bonita, não há muito mais que isso nela.

Brad sorriu e concordou. Em seguida, Sheila o convidou para jogar vídeo game. Enquanto ambos jogavam, Brad percebeu que Sheila já era sua amiga muito antes de ele comprar o carro. E embora tivesse ficado feliz por ele ter realizado o sonho, não foi levada por esse motivo para tornar-se sua amiga.

Acho que é para isso que são os verdadeiros amigos, refletiu ele. *Será que Sheila gostaria de ir ao cinema comigo sexta-feira à noite?*

LINK DA VERDADE:

Querido Jesus, obrigado por me fazer lembrar que as coisas materiais não determinam o valor do que sou. O Senhor me ama pelo que sou em ti, e colocou pessoas na minha vida que me amam da maneira como o Senhor me fez. Ajude-me a não me esquecer disso. Impeça-me de cair na armadilha de pensar que preciso ter uma determinada aparência ou certas coisas para ser valorizado. Amém.

IMPLEMENTAÇÃO DA VERDADE:

As notícias, Hollywood, os amigos, e até a família dizem a você como deve se parecer, se vestir e o que possuir. Se você não tomar cuidado, pode começar a pensar que essas coisas ditam o tipo de pessoa que é. Começará a pensar que, se não tiver as roupas perfeitas, o carro certo ou a casa ideal, não é ninguém.

Contudo, isso não é verdade. Deus está interessado em quem você é como pessoa, não nas coisas materiais ao seu redor. Não está errado ter coisas boas, porém é errado definir a si mesmo através delas. Da próxima vez que pensar que precisa ter alguma coisa para se valorizar, lembre-se de que um dia, não longe demais, no futuro, essa coisa será substituída por algo mais novo. O valor real, Deus colocou em você — amor, alegria, paz, gentileza, etc. — que durará para sempre.

E QUANTO A ELES ?

Racismo

DOWNLOAD:

Um novo mandamento lhes dou: Amem-se uns aos outros. Como eu os amei, vocês devem amar-se uns aos outros. Com isso todos saberão que vocês são meus discípulos, se vocês se amarem uns aos outros. **João 13.34,35 (NVI)**

Tommy chegou para trabalhar no restaurante às 16:45h. Ia ser uma longa empreitada. Na noite passada, ficara acordado até tarde para terminar um projeto para a aula de espanhol, por isso dormira apenas algumas horas. Depois de ter estado na escola o dia todo, lá estava ele no restaurante pronto para passar cinco horas contínuas em pé.

O garoto gostava muito do emprego que tinha no restaurante. Harry, o patrão, era gentil, e o ambiente era alegre. Os demais garçons e garçonetes deixavam o ambiente animado e cheio de vida entre as constantes piadas e músicas de aniversário bregas que tinham de cantar sempre que um cliente estava aniversariando. Com certeza, tudo isso o deixava sorridente.

Enquanto amarrava o avental, Tommy percebeu um novo rapaz ao lado de Harry, o qual obviamente estava recebendo instruções. Uma coisa que chamou a atenção de Tommy foi que o rapaz era do Oriente Médio. Ele tinha o rosto árabe, como de alguns que Tommy vira nas notícias de onze de setembro.

Tommy nunca tinha visto um árabe pessoalmente, no entanto, desde onze de setembro, isso não importava. Não confiava em nenhum deles.

Ao pegar a caneta e o bloco de anotações, dirigiu-se à frente do restaurante a fim de ajudar outro garçom. Enquanto passava por Harry e o rapaz, seu patrão o chamou:

— Tommy, este é Amad. Hoje é a sua primeira noite.

Tommy olhou-o com desconfiança e deu um sorriso de consolação.

— Oi — disse apenas. O rapaz sorriu de volta de maneira calorosa e ligeiramente nervosa.

— Tommy trabalha aqui há seis meses — disse Harry. — Ele é a pessoa indicada para dizer o modo como as coisas são feitas.

Tommy sorriu para Harry. Depois, com um olhar de despedida em direção a Amad, afastou-se. Ele não se sentia animado em ser para o novo colega a pessoa "indicada", ou aquela que daria todas as dicas. Ele preferia que Harry tivesse pedido a outra pessoa, porém agora achava que não tinha escolha.

O turno passou sem nenhum incidente. Tommy conversava com Amad apenas quando era absolutamente necessário. Respondia às suas perguntas e mostrava onde as coisas se localizavam no restaurante. Ele o ajudava com os procedimentos e o apresentava aos colegas que ainda não o conheciam. Sua conversa era curta e direta ao ponto.

Tommy não confiava em Amad.

Mais tarde, naquela semana, quando uma família do Oriente Médio entrou no restaurante, Tommy hesitou. Pareciam como qualquer família normal, todavia, levando em conta os eventos passados, Tommy não tinha certeza se podia confiar neles. Mais do que passar a noite inteira sentindo-se desconfortável, preferiu ignorá-los. Bem a tempo, Amad os fez sentar em sua área de trabalho.

De qualquer forma, acho que eles se sentirão mais à vontade com Amad, disse Tommy para si mesmo. Mas então refletiu: *Só espero que não comece a aparecer mais deles.*

Algumas semanas mais tarde, Tommy entrou na cozinha e percebeu que Amad estava de pé num canto, com as mãos nos quadris e as costas rígidas, como se estivesse aborrecido. Embora Tommy não quisesse se envolver, sua compaixão venceu.

— Você está bem? — perguntou ele.

Amad sobressaltou-se quando ouviu a voz de Tommy e deu um suspiro profundo.

— Sim, claro. Eu estou bem. — Ele endireitou o avental. - Só tive uns clientes mal-educados.

Tommy concordou com um movimento de cabeça.

— Isso acontece às vezes — replicou ele com simpatia.

— Sim, eu sei. Eles disseram que não queriam ser servidos por um iraquiano — comentou ele desgostoso. — É tão ridículo. Nem sou descendente de iraquianos, nasci nos Estados Unidos como eles. E com certeza não sou nenhum terrorista.

Tommy não respondeu. Ficou somente escutando.

— Meus pais vieram para este país para viverem com liberdade, como todos. Entretanto, chegaram aqui um pouco tarde. — começou Amad a desabafar enquanto continuava. — Não posso evitar se me pareço com aquelas pessoas loucas que explodiram as torres.

Tommy começou a sentir-se desconfortável. Tinha de admitir que pensara a mesma coisa que as pessoas que recusaram ser atendidas por Amad.

— Eu também o julguei por causa da sua aparência — admitiu Tommy calmamente.

Amad o encarou e sorriu.

— Eu sei. Pude perceber. Nunca tinha experimentado tanto preconceito antes do onze de setembro. Claro que acontecia de vez em quando, mas no geral as pessoas eram gentis comigo e com a minha família. Depois tudo mudou. Agora, as pessoas, que eram legais, olham para nós como se fôssemos um bando de terroristas. — E, sorrindo, acrescentou:

A VERDADE DESPLUGADA:

O racismo impede você de experimentar o valor que Deus colocou em cada pessoa.

— Na verdade, fiquei surpreso por Harry ter me admitido. A única coisa que posso imaginar é que ele foi solidário por ser americano negro.

Tommy sorriu.

— Ele é realmente uma pessoa justa, acho que até mais do que eu.

— Não se culpe — disse Amad. — Depois do onze de setembro foi um pouco estranho para mim também. Ficava me perguntando em quem confiar. Aquelas pessoas eram realmente loucas, suponho.

— Eles eram pessoas típicas da religião islâmica? — perguntou Tommy.

Amad encolheu os ombros.

— Não sei. Eu sou crente. Essa foi outra razão por que meus pais deixaram o país deles. Os cristãos são perseguidos por acreditar em Deus.

— Peço desculpas — justificou-se Tommy, balançando a cabeça e sorrindo. — Julguei você erroneamente. Achei que você fosse do Oriente Médio, islâmico e possivelmente terrorista. Contudo, agora descobri que é tão americano quanto eu. Nós dois somos crentes e nenhum de nós entende por que aquelas pessoas cometeram aquele ato em onze de setembro.

Depois de aceitar o pedido de desculpas de Tommy, os dois voltaram a trabalhar. À medida que Tommy conhecia Amad, descobria que ambos tinham muita coisa em comum. Sentiam a mesma fé intensa. Gostavam de trabalhar à noite e estavam no mesmo ano na escola. Descobriu também que Amad tinha um senso de humor engraçadíssimo. Com o tempo, tornaram-se grandes amigos.

Tommy prometeu a si mesmo que toda vez que encontrasse uma pessoa de descendência árabe pensaria em Amad. Em vez de deixar que o medo e a suspeita embaçassem o seu julgamento, tentaria conhecer as pessoas pelo que são como pessoa. E embora a mídia constantemente o lembrasse que qualquer pessoa do Oriente Médio pudesse ser um terrorista às escondidas, decidiu que o velho ditado "Quem vê cara, não vê coração" era uma boa maneira de viver.

LINK DA VERDADE:

Querido Jesus, quero amar as pessoas da maneira como o Senhor faz — incondicionalmente, independente da raça. Oro para que o Senhor tire qualquer pensamento racista do meu coração e da minha mente. Assim, posso ser livre para ser seu exemplo em tudo que fizer. Amém.

IMPLEMENTAÇÃO DA VERDADE:

Você já se pegou julgando alguém com base na cor da pele ou na origem étnica? Talvez tenha ouvido falar que determinado grupo de pessoas é preguiçoso ou avarento. Quem sabe tenha sabido que essas pessoas podem ser perigosas ou podem tirar vantagem de você, e por causa disso, as vê com desconfiança ou automaticamente não gosta delas.

Neste caso: Cuidado, está entrando no racismo. O racismo nem sempre é tão explícito quanto queimar cruzes em frente ao jardim das pessoas, ou fazer um discurso flagrante e odioso. É também olhar automaticamente para alguém com suspeita e reserva, apenas porque é diferente.

Se você tem tais sentimentos e medos, leve-os a Deus. O Senhor deseja ajudá-lo a se libertar para amar as pessoas e vê-las da maneira que Ele as vê. Deus quer e precisa que você seja um exemplo de como tratá-las. Lembre-se de que você é os pés e as mãos de Deus neste mundo.

CUTUCADAS

Espírito Santo

DOWNLOAD:

As minhas ovelhas ouvem a minha voz, e eu conheço-as, e elas me seguem.
João 10.27

Brian, estou pronto para jogar agora! — disse Zach, entrando de supetão no quarto de Brian.

Brian revirou os olhos.

— Porém eu não tenho tempo agora, Zach. Tenho de sair.

— Mas ontem você prometeu que jogaria *Indie Speed IV* comigo hoje à tarde — choramingou Zach.

Brian continuou a calçar os tênis, dando ao irmão de oito anos um olhar de soslaio.

— Olha, não posso desistir de tudo toda vez que você quer jogar. Tenho uma vida, também, sabia? Agora, deixe-me terminar de me aprontar. Os meninos vêm me pegar em cinco minutos.

— Mas você prometeu! — gritou Zach.

— Sim, às vezes as pessoas têm de quebrar promessas — Brian soltou essa. Depois fez uma pausa e deu um suspiro profundo de resignação.

— Ouça, vou tentar chegar em casa cedo, assim podemos jogar umas rodadas no computador antes de dormir, está bem?

— Como quiser. Você prometeu ontem que jogaria comigo hoje à tarde mentiu. Então por que devo acreditar em você agora?

Com isso, Zach saiu apressado do quarto e bateu a porta atrás de si.

Às vezes Brian tinha vontade de estrangular o irmãozinho. Zach sabia ser tão exigente — e piorara depois do divórcio dos seus pais no ano anterior. Brian sabia o quanto Zach adorava ficar com ele, mas o que podia fazer? Seus amigos lhe haviam telefonado de manhã cedo, convidando-o para jogar futebol no parque e depois comer uma pizza. Como poderia deixar passar essa? E daí se tivesse de quebrar um promessa tola com seu irmão? Teriam tempo de sobra para jogos de computador mais tarde.

De repente, Brian deteve-se. Sentiu aquilo. Uma cutucada.

Depois que seus pais haviam se separado, eles passaram a freqüentar a igreja todas as semanas com a mãe. A princípio, Brian achava que seria maçante, entretanto, na verdade, acabou gostando. Havia entregado o seu coração ao Senhor e feito novas amizades no grupo jovem. Gostava do pastor também. Não conseguia contar o número de vezes que havia ficado chateado com o divórcio de seus pais ou alguma coisa na escola, e depois ia ao culto jovem. Era como se o pastor falasse diretamente com ele todas as vezes. E agora, havia começado a ter... bem, cutucadas... a respeito das coisas do seu dia-a-dia.

No começo achava que as "cutucadas" eram apenas a sua imaginação, ou melhor, a sua consciência entrando em ação. Todavia, o pastor da igreja de Brian falou acerca de ouvir o Espírito Santo. Na primeira vez que apareceu no culto jovem, pensou que o pastor estivesse *um pouco por fora* ao ensinar sobre Deus conversando com as pessoas. Contudo, agora Brian tinha de admitir que houvera ocasiões em que sabia que aquelas impressões de cutucadas não eram dele mesmo.

Às vezes, as cutucadas vinham até como pensamentos. Coisas pequenas, na verdade. Certa vez sentiu que tinha de voltar direto para casa depois da escola, em vez de ir à casa de um amigo. Quando chegou em casa, encontrou sua mãe aborrecida depois de um dia difícil de trabalho. Ou Brian ouvia: "Não vá a essa festa". E depois ficava sabendo que pessoas barras-pesadas tinham aparecido ou que havia bebidas alcoólicas. Brian aprendera a confiar nessas sugestões silenciosas. Sabia que não atingira o marco de 100% das vezes, mas estava tentando.

Bem nessa hora, Brian ouviu a buzina do carro de seu amigo Johnny. Agarrou a jaqueta, voou escada abaixo e deteve-se. À direita, via Zach deitado no sofá com o controle remoto da TV na mão, zanzando pelos canais. Zach deu uma olhada de relance em Brian e depois voltou a olhar a TV. Brian sabia que o irmão estava bravo. E sentiu uma pequena pontada no estômago. Uma cutucada de novo.

— Então, vejo você mais tarde hoje à noite. Vamos jogar *Indie Speed IV* quando eu voltar — disse Brian, tentando amenizar a situação.

— Você é que sabe — disse Zach, sem tirar os olhos da tela da TV.

— Está bem. Tchau!

E assim, Brian se dirigiu para fora de casa. Desceu os degraus da frente e pulou dentro do carro. Durante todo o trajeto ao parque, os amigos do rapaz davam risada e zombavam um do outro, porém Brian não conseguia se juntar à diversão. Ele continuava vendo Zach deitado no sofá, decepcionado, bufando de raiva. E Brian não conseguia desfazer a apreensão em seu estômago. "Mas você prometeu!", Brian continuava a ouvir o choramingo de Zach várias vezes em sua mente.

A VERDADE DESPLUGADA:

Você terá mais paz em sua vida, quando obedecer a essas cutucadas gentis.

E daí?, ele pensou. *Eu ainda posso jogar com Zach mais tarde. E nós temos toda a tarde amanhã. Para que tanta importância?*

"Mas você prometeu!", ecoou novamente em sua cabeça.

Quando chegaram ao parque e se juntaram ao jogo de futebol que já estava em andamento, a apreensão de Brian não havia acabado. Embora tentasse se concentrar no jogo, não conseguia se desfazer da impressão de que algo estava errado.

— Ei, Brian, qual é o problema? Estava livre de marcação e o passe foi perfeito. Mas você perdeu — comentou Johnny.

— Me desculpe, minha cabeça não está no jogo — disse Brian.

— Não brinca. O que há com você? Você tem estado calado o dia todo — ressaltou Johnny.

— Nada. Eu... bem, não fui correto com meu irmão. Prometi que jogaria vídeo game com ele hoje à tarde, mas acabei vindo aqui. Ele está bravo comigo, e sinto-me mal com isso. É só isso.

— Parece que você está se sentindo culpado — destacou Johnny.

— Eu não sei. Na verdade, é mais do que isso. Só sinto que não estou onde deveria estar, sabe?

— Quer que eu leve você para casa?

Brian ficou ali por um momento, observando os outros rapazes jogarem e debatendo consigo mesmo o que deveria fazer. De repente, abriu um largo sorriso. *Acho que é o que o pastor chama de "ser convencido"*, pensou ele. Em seguida, dando mais um segundo de pausa, disse:

— Pois é, eu sei, preciso mesmo ir para casa. Prometi a Zach que passaria o dia com ele e não vou ficar em paz até fazer o que disse que faria. Você se importa?

— Não, cara. Vou pegar a chave do carro.

— Obrigado, Johnny. Te devo essa.

LINK DA VERDADE:

Querido Jesus, obrigado por me dar o seu Espírito Santo para me guiar. Ajude-me a reconhecer a sua voz, a ouvir o seu Espírito e a nunca ignorar ou perder as cutucadas que o Senhor me dá. Amém.

IMPLEMENTAÇÃO DA VERDADE:

Você é alguém com quem Deus pode contar para fazer o que Ele deseja que faça? Sabe quando Ele fala no seu coração? Pára para ouvi-lo?

Deus fala conosco de várias maneiras. Pode falar por meio de outra pessoa, através da sua Palavra ou mesmo diretamente ao nosso coração. Você sente quando isso está acontecendo. Talvez Ele esteja tentando protegê-lo de uma decisão errada ou de uma situação perigosa. Ou talvez queira usá-lo para ajudar outra pessoa. Não perca a oportunidade de obedecer-lhe em todas as situações. Você se sentirá satisfeito por isso.

A ÚLTIMA RISADA

Verdade Desplugada

Intimidação

DOWNLOAD:

Ora, se eu, Senhor e Mestre, vos lavei os pés, vós deveis também lavar os pés uns aos outros. Porque eu vos dei o exemplo, para que, como eu vos fiz, façais vós também. **João 13.14,15**

Larry viu que Jed Stiles estava sentado num canto do refeitório no almoço, tentando ficar fora de vista. Larry deu uma risada. *Ele é um alvo tão fácil,* pensou consigo mesmo. Isso não queria dizer que Larry tencionava ser cruel. Só gostava de dar umas boas risadas, e Jed Stiles definitivamente proporcionava boas risadas.

Jed era baixo e franzino, e parecia que a sua mãe o vestia. Era terrivelmente ruim com todas as atividades relacionadas ao corpo, e a aula de Educação Física lhe era pura tortura. Mais uma vez, era um alvo fácil. É claro que Jed tirava boas notas e era considerado um "nerd", no entanto, para Larry, era apenas um alvo de gozação.

Atravessando o refeitório, Larry fez um sinal para alguns de seus amigos. Uma vez que era comum escolher Jed como vítima, todos sabiam para onde o rapaz estava se dirigindo. Curtindo a brincadeira, outros amigos o acompanharam à distância, ou pelo menos se sentaram um pouco mais eretos para assistirem à exibição.

Jed estava prestes a tomar um gole de refrigerante, quando Larry virou a sua lata para cima, derramando o líquido em sua camisa.

— Oi, Stiles, como vai? — cumprimentou ele com intenção de gracejo, sentando-se no lado oposto a Jed.

Os olhos de Jed moviam-se rápida e bruscamente de um lado para o outro, pairando no grupo que crescia.

— Bem — respondeu ele vagarosamente. — O que você quer?

— Nada. Eu apenas vi o meu bom e velho amigo Jed sentado aqui no canto e quis dizer oi — respondeu Larry, gostando da maneira como a expressão no rosto de Jed mudava da surpresa para o pânico. Em seguida, pegando um pedaço de bolo do prato do garoto, Larry deu uma enorme mordida nele.

— Por que você não me deixa em paz? — questionou Jed com resignação.

Larry deu uma risada.

— E por que eu faria isso quando você é um amigo tão bom? Só de estar perto de você fico feliz. — E passando o seu dedo na cobertura do bolo, estendeu o braço e lambuzou de creme o rosto de Jed.

O sinal tocou, avisando o encerramento do almoço. Larry levantou-se de supetão com um sorriso no rosto.

— Obrigado pela diversão, Jed. Até amanhã. — E com isso se dirigiu para a sala de aula.

De ponta a ponta nos corredores, as pessoas davam risada quando Larry passava, parabenizando-o por fazer Jed demonstrar embaraço — novamente. Larry adorava isso. Ele não tencionava prejudicar Jed; só queria se divertir. Com certeza, Jed já havia imaginado o mesmo. Não que Larry passasse muito tempo refletindo no que Jed pensasse ou não. Ele estava ocupado demais desfrutando das luzes da ribalta como o brincalhão da escola.

Alguns dias depois, Larry aproveitou outra oportunidade de rir às custas de Jed. Enquanto o menino descia pelo corredor a caminho da sala de aula, Larry silenciosamente aproximou-se dele por trás e deu um pontapé em baixo de um dos seus sapatos, fazendo com que Jed tropeçasse e deixasse cair os livros. Papéis se espalharam por todo o lugar. Risadas ecoaram pelo corredor, quando as pessoas viram Larry de pé ao lado de Jed, com os braços comicamente levantados em movimento de vitória.

— Estava com muita pressa, Stiles? — berrou ele. Depois, movimentando a cabeça de um lado para o outro, ele riu:

— Você é um alvo fácil demais, Jed. Eu não consigo evitar quando vejo você.

Divertido, Larry observou Jed juntar os livros e papéis e sair às pressas para a próxima aula.

Na semana seguinte, Larry aproximou-se de Jed durante o almoço.

— E aí, Jed, meu amigo — ele disse. — Não tenho visto você há dias. Onde esteve se escondendo?

— Eu não estive me escondendo — falou Jed carrancudo. — Fiquei em casa doente.

— Ah! — disse Larry fingindo ser simpático. — É que ia convidá-lo para o teatro em minha igreja. Estávamos precisando de um palhaço. — Ele percebeu como a expressão de Jed mudou da surpresa para o nojo.

— Você vai à igreja? — perguntou ele indiferente.

— Claro que vou. Primeira Igreja da Comunidade — respondeu com orgulho.

— Você é crente? — interrogou Jed incrédulo.

— Sou. E daí? Há algum problema com isso?

Jed balançou negativamente a cabeça e riu de maneira rancorosa.

— Essa é a primeira coisa engraçada que você já disse para mim.

Confuso, Larry franziu o cenho.

— Deixe-me esclarecer as coisas — continuou Jed. — Você tem tornado minha vida miserável há anos. Você me constrange em todas as oportunidades que consegue. Você me humilha na aula de Educação Física. Faz de mim o alvo de riso da escola, tanto que tenho contado os dias para me formar e sair daqui. E agora vem e me diz que é crente, que ama o próximo como a si mesmo? Por favor, me dá um tempo, cara.

Larry ficou mudo.

Ele sabia que ao longo dos anos havia causado dissabores a Jed, no entanto, não tinha a mínima idéia de que havia tornado a vida dele tão miserável. Com certeza, Larry o tornara o alvo de caçoadas nesse período, porém Jed sabia que era só brincadeira, não sabia?

— Cara, só estava te zoando. Não queria nada mais que isso.

Jed o fitou nos olhos.

— Você não queria? — ele perguntou entre dentes. — Seu crente patético. Você pode não ter desejado, mas eu quero dizer isto: Eu detesto a sua coragem. Você me fez entender por que alguns garotos resolvem trazer arma para a escola, e acertam as contas com valentões como você. Se isso não arruinasse a minha vida, já teria matado você. E, se ser crente significa ser algo parecido com você, *jamais se-*

rei. Você me dá nojo. — E, agarrando a bandeja do almoço, Jed levantou-se e saiu com passos firmes.

Larry permaneceu sentado. Ele freqüentara a igreja a vida toda. Ouvia todas as mensagens de amor ao próximo e de ser exemplo de Cristo para o mundo. Até aquele exato momento, Larry achava que estava indo muito bem. Ele não ia às festas, não saia por aí enganando as garotas, não falava palavrão e nem trapaceava. Nada disso. Porém, virando-se para ver Jed andando com orgulho, Larry percebeu que falhara tremendamente em um dos elementos mais básicos do cristianismo. E agora, Jed equiparava o cristianismo com Larry.

Envergonhado, Larry juntou suas coisas e lentamente dirigiu-se para a próxima aula. Passou o resto do dia numa névoa depressiva. Mais tarde, quando viu Jed vindo em sua direção no corredor, desviou o olhar. Não conseguia encarar Jed ou o seu olhar de ódio.

No fim de semana, Larry participou do culto jovem na igreja. Durante a oração no final do culto, foi à frente para orar. Pediu perdão por ter tratado Jed tão horrivelmente por tantos anos, e também pediu a Deus que mostrasse o que devia fazer. Ele continuava vendo o rosto de Jed e ouvindo suas palavras: "se ser crente significa ser algo parecido como você, *jamais serei*". Enquanto orava, soube o que tinha de fazer.

No dia seguinte, encontrou Jed sentado num canto do refeitório como de costume. Larry dirigiu-se à mesa do rapaz e perguntou se podia sentar-se. Jed olhou em volta como a esperar o início da zoada.

— Preciso conversar com você — disse Larry calmamente.

Jed encolheu os ombros, dando a entender que não se importava se Larry quisesse se sentar.

A VERDADE DESPLUGADA:

Suas atitudes podem levar as pessoas para Cristo ou afugentá-las dEle. A intimidação — quer seja ameaçar alguém fisicamente ou tornar alguém alvo de gozação — nunca levará as pessoas para Jesus; somente as afastará dEle.

— Devo-lhe desculpas. Na verdade, devo-lhe milhares de desculpas. Realmente sinto muito por ter sido tão cruel com você.

Jed o fitou com dúvida escrita em seu rosto.

— Por que você está me pedindo desculpas agora? Tem sido cruel comigo há anos.

— Nunca pensei nisso da sua perspectiva — gaguejou Larry. — Era tudo divertimento e brincadeira para mim. Jamais imaginei o que as minhas gozações faziam você sentir. Naquele dia, quando me disse o que achava de mim, suas palavras me atingiram. Fui um verdadeiro insolente e um crente *realmente* ruim. Sinto muito.

— Então você vai parar? — perguntou Jed.

— Vou, vou parar. Não irei mais zombar de você — prometeu Larry. Ele observou como o rosto do outro relaxava, como se tivesse saído um peso de cem quilos de cima dele.

Larry pediu licença e saiu. Sabia que ele e Jed não se tornariam amigos de repente, mas esperava que, com o tempo, pudessem ser. Talvez Jed percebesse que ser crente não era de fato uma coisa horrível.

Movimentando a cabeça de um lado para o outro enquanto caminhava, Larry se deu conta de que todas aquelas palestras que ouvira sobre ser exemplo estavam certas. Ele era um exemplo de Cristo — exemplo positivo ou negativo. No futuro, prometeu ser um exemplo positivo, levando as pessoas para Cristo, em vez de afugentá-las.

LINK DA VERDADE:

Querido Jesus, ajude-me a ser exemplo do seu amor para o mundo. Não quero desviar as pessoas de ti, mas, pelo contrário, quero atraí-las para o Senhor. Se maltratei alguém, oro para que me perdoe e me ajude a fazer as pazes com essa pessoa. Peço que o Senhor cure o coração da mágoa que causei. E se for maltratado, ajude-me a perdoar aqueles que me machucam — assim como o Senhor me perdoou. Amém.

IMPLEMENTAÇÃO DA VERDADE:

Quando você pensa em intimidação, pode pensar nos garotos pequenos num parquinho de diversões sendo empurrados pelos colegas que repetiram o ano muitas vezes. Mas a verdade é que a intimidação ocorre em qualquer idade — basta perguntar a alguém que foi ameaçado ou feito alvo de gozação. É uma coisa dolorosa, assustadora e horrível.

Se for você quem geralmente intimida, pare com isso e peça a Jesus para mostrar como suas atitudes afetam a pessoa que você está atormentando. Depois, peça perdão e torne-se amigo, em vez de ser brigão, provocador e tirânico.

Se você tem sido maltratado, tome a decisão de perdoar o valentão. Se a situação ainda persiste, ore pedindo a Deus sabedoria para lidar com isso, e considere a possibilidade de falar com um monitor escolar ou com

seus pais. Não há motivo para ficar sendo ameaçado continuamente — seja física, emocional ou socialmente. Recorra a Deus para que Ele lhe mostre como resolver isso.

RECUO

Vanglória

DOWNLOAD:

Louve-te o estranho, e não a tua boca, o estrangeiro, e não os teus lábios.
Provérbios 27.2

— Ian, sua mãe e eu temos pensado e achamos que seria bom comprarmos um carro para você, quando fizer dezoito anos.

Ian não conseguia acreditar no que estava ouvindo. Seus pais iam comprar um carro para ele de presente de aniversário de dezoito anos, e faltavam apenas três meses.

— Pai, que legal!

— Sim, com certeza. Você irá à escola sozinho, e levará seu irmão e irmã aos seus treinos — ponderou seu pai.

— Claro, pai. Posso fazer isso. Que tipo de carro? — perguntou Ian, com um entusiasmo evidente na voz.

— Eu não sei — ele deu de ombros. — Algum bom.

Ian estava no sétimo céu. Queria um carro, porém não teria sem pedir insistentemente aos seus pais. Mas agora, a idéia partira deles.

No dia seguinte na escola, aproximou-se do seu grupo de amigos e em voz alta anunciou:

— Meus pais vão comprar um carro para mim no meu aniversário de dezoito anos. — Todos o felicitaram.

— Que legal, cara. Que tipo de carro? — perguntou seu amigo Derek.

Ian sorriu e devagar afirmou:

— Meu pai disse que seria um carro bom.

Seus pais tinham carros muito bons. Sua mãe dirigia um carro da empresa, um Cadillac, que trocava a cada dois anos; e seu pai dirigia um SUV novinho em folha. Por isso, tinha certeza de que, quando o seu pai disse "bom", queria dizer novo e potente.

— Você é sortudo — afirmou Derek com evidente inveja na voz. — Quero um carro, entretanto meus pais disseram para eu comprar com o meu próprio dinheiro, e pagar o seguro e a gasolina. Tenho trabalhado, tentando juntar dinheiro para a entrada, mas ainda faltam uns bons seis meses. E eu fiz dezoito há cinco meses.

Ian deu um tapinha nas costas de Derek.

— Bem, alguns têm sorte, suponho — replicou ele com evidente prazer. O garoto não pôde deixar de sentir-se satisfeito por ser objeto de inveja. Isso não quer dizer que fosse raro ele ser considerado legal. Sabia que sua família estava bem de vida. Moravam num bairro de nível alto, e seus pais tinham bons empregos. Ele também vestia-se bem. As garotas diziam que era bonito, e ainda era um jogador de futebol acima da média no seu time. Por isso, a vida era muito boa. Todavia, com o carro certo, a vida embalaria. Ele sabia disso.

Nas várias semanas seguintes, Ian sonhou com o carro bacana que ia comprar. Seria um conversível? Teria um som maneiro? Bancos de couro? Magazine para CDs? Ian explorava os mais recentes artigos das revistas de automóveis, tentando decidir o carro perfeito. Começou a pesquisar os últimos testes de estrada para descobrir quais carros iam de zero a cem quilômetros por hora em menos tempo. Estudou quais carros eram mais confiáveis e tinham tido menos *recalls*. Ian não andava em ruas de alta velocidade, por isso não precisava de um carro que fosse possante, porém seria legal se tivesse um resistente.

— Você já sabe que carro os seus pais vão comprar? — perguntou Derek certo dia antes de começar a aula.

— Não, meu pai disse que procuraria um legal. É tudo que sei — respondeu Ian confiante. — Mas estou de olho num Acura RSX ou num Mustang GT.

— Você está brincando? Esses são carros bárbaros. Acha mesmo que vai ganhar algo assim? — perguntou Derek admirado.

Ian encolheu os ombros, parecendo frio e inabalável.

— Claro, por que não? Eles custam apenas quarenta mil ou um pouco mais.

Os olhos de Derek ficaram do tamanho de uma bola de bilhar.

— Cara, você é muito sortudo!

Ian balançou a cabeça para frente e para trás suavemente, como se dissesse: "Sim, eu sei".

No final da semana, os rumores sobre o carro de Ian inundaram a escola. Todo o mundo comentava sobre isso. Diariamente, os alunos perguntavam qual carro o seu pai ia comprar para ele, e quando eles poderiam vê-lo. Ian percebeu que estava conseguindo mais atenção de algumas garotas, que o faziam prometer que as levaria para dar um passeio.

Ian geralmente dava uma piscada e zombava:

— Vou pensar nisso.

Uma semana antes do seu aniversário, seu pai anunciou:

— Ian, achei o carro.

Ian estava engolindo uma garfada cheia de bolo de carne, quando a notícia que o pai lhe deu quase o deixou em choque.

— É mesmo? — ele chiou.

— A esposa do meu colega está vendendo o carro. Dei uma volta nele hoje de manhã na hora do lanche. Acho que você vai gostar — disse seu pai.

Ian franziu o cenho.

— A esposa do seu colega?

— Sim. É um bonito e pequeno Escort 1996. Vai servir bem para o que você precisa.

O garoto ficou sem fala e pasmo. Em seus pensamentos nunca chegara perto de um Ford Escort usado.

— Mas pai — gaguejou. — Pensei que meu carro seria legal.

Seu pai parou de comer e olhou para ele surpreso. Depois relanceando em direção à sua esposa, olhou de volta para o seu filho.

— É um bom carro. Está em boas condições — por dentro e por fora. Gasta pouca gasolina, então não será caro para você. Podemos comprá-lo de imediato, por isso não terá de pagar nada. Eu diria que isso é *muito* bom.

Ian fitou a comida, pensando em todos os planos que havia feito nos últimos três meses. Havia pesquisado os melhores carros "legais" que conseguiu encontrar, e agora seus pais iam lhe dar um carro velho e usado. *O que os meus amigos vão pensar?*, pensou horrorizado. Uma sensação de enjôo lentamente tomou conta dele quando pensou nos garotos da escola. Havia dito a todo o mundo que estava comprando algo como um Acura RSX ou um Mustang GT. Agora, teria de engolir as palavras. *Que constrangedor!*

Durante o resto do jantar, Ian ficou sentado em silêncio, tentando terminar de comer. Visto que era sua vez de lavar a louça, limpou a mesa, encheu o lava-louças e preparou-se para lavar algumas panelas e tigelas. Não conseguia parar de pensar no carro.

— Ian, que tipo de carro achava que íamos comprar para você? — perguntou seu pai, enquanto Ian enxaguava os pratos antes de colocá-los no lava-louças.

— Não sei — Ian encolheu os ombros. — Quando você falou "bom", achei que queria dizer novo.

— Não quer o carro então? — perguntou o pai.

— Quero. Quero, sim — respondeu, reconsiderando. — Só tenho de me acostumar com a idéia de ter um carro usado.

Embora Ian não estivesse animado com a idéia de um carro usado, especialmente um tão comum, não estava preparado para aparecer sem nenhum carro. Obviamente, um carro usado — mesmo simples — era melhor do que nenhum.

No dia seguinte na escola, Derek aproximou-se de Ian:

— Então é na próxima semana.

Ian inquietou-se constrangidamente:

— Hum-hum.

— E aí? Já tem idéia sobre o que vai ganhar? O Acura ou o Mustang? — perguntou Derek animadamente.

— Acho — começou Ian vacilante —, que meus pais decidiram comprar algo mais prático.

Derek franziu o cenho:

— Prático?

— Prático. Eu acho que querem algo menos caro, como um Ford Escort — Ian abriu o jogo.

Derek começou a dar umas risadinhas. Em seguida, as risadinhas se tornaram gargalhadas.

A VERDADE DESPLUGADA:

Quando boas coisas acontecem com você, agradeça a Deus por elas em vez de se gabar de como você é ótimo.

— Você está brincando, não é? — Quando Ian não respondeu, Derek riu com mais intensidade. — Você vem dizendo a todo o mundo que ia ganhar um Acura ou um Mustang, e agora vai ganhar um Escort usado? Que ano?

— 1996.

Gargalhadas mais histéricas.

Ian sabia que merecia isso e sabia que era somente o começo. *Por que eu tive de soltar a língua?*, pensou ele. Sabia que no final do dia seria motivo de riso da escola inteira. É claro que devia se sentir feliz por ganhar *um* carro, e um Escort era um carro bom. Reconhecia isso. Todavia, ele permitira que a imaginação e a língua fugissem do seu controle. Agora ia pagar por isso — amargamente.

Quando recebeu o carro, já havia enfrentado uma semana de alvo de todas as piadas. Contudo, ao sentar-se atrás do volante, não se importou. No momento, ia curtir o seu novo carro usado.

LINK DA VERDADE:

Querido Jesus, ajude-me a ter cautela com as minhas palavras e a não me vangloriar sobre o meu sucesso, ou me gabar das coisas que ganho. Sei que todas as boas coisas na minha vida vêm de ti, por isso ajude-me a ser humilde e ficar atento à minha língua. Amém.

IMPLEMENTAÇÃO DA VERDADE:

Com certeza, você já esteve perto de alguém que se gabava de alguma coisa. A pessoa usa as coisas boas que ganha — como um carro — que lhe acontecem para sentir-se superior aos outros. Você sabe que é difícil ficar perto de pessoas assim. É claro que é tentador gabar-se de algo. Precisa ser cauteloso para não se tornar alguém que se gaba das coisas. Isso não quer dizer que deva mentir a respeito do seu sucesso ou das coisas boas que ganha. Todavia, é bom manter um coração agradecido e uma atitude humilde. Agradeça a Deus por essas coisas e compartilhe-as com os demais, em vez de usá-las para sentir-se superior.

A VERDADE ENTRE NÉVOAS

Masturbação

DOWNLOAD:

Assim como vocês ofereceram os membros do seu corpo em escravidão à impureza e à maldade que leva à maldade, ofereçam-nos agora em escravidão à justiça que leva à santidade. **Romanos 6.19 (NVI)**

Os olhos de Clint lacrimejaram quando viu o seu reflexo enevoado no espelho embaçado do banheiro. Sua cabeça se inclinou quando enrolou uma toalha na cintura e encostou-se na parede. A superfície fria dos azulejos refrescava a sua pele quente.

Ele tinha feito de novo — era a quinta vez — e o seu desejo estava crescendo. Clint não esperava que fosse assim.

Na primeira vez que havia se masturbado, foi por curiosidade. Os personagens do seu programa predileto de televisão falavam sobre isso de modo irreverente, como se a masturbação fosse algo que todos os adolescentes faziam — aliás — *tinham* de fazer a fim de ficarem sexualmente satisfeitos.

Então Clint experimentou. E isso o assustava.

Era aprazível — um pouco. Mas não era "tudo aquilo" que o programa de televisão dizia. Mesmo assim, as emoções foram... inesperadas.

Clint não havia contado com o repentino e profundo sentimento de culpa que se seguiu. A primeira vez que fez isso foi antes da escola, e mal conseguiu se concentrar nas aulas naquele dia. Seus pensamentos voltavam para a culpa que sentia, como se estivesse sujo, feito algo terrivelmente errado. Entretanto, por fim, a culpa diminuiu.

Na segunda vez que experimentou foi por livre escolha.

Não foi tão prazeroso na segunda vez, porém funcionara mais como um alívio. Uma breve escapada dos problemas em sua família. Por um breve momento, esquecera-se da sua mãe irritante, do seu pai ausente e da sua irmã chata. O prazer fora breve e, de repente, a culpa retornara, afundando-o como uma onda da maré.

Prometera nunca mais fazer isso, pouco importando o que custasse. Era como tomar drogas: um prazer momentâneo, uma culpa eterna. Dois dias depois, como um viciado em drogas, Clint quis se masturbar de novo. Queria fugir. Todavia a culpa e a vergonha voltaram.

Semanas se passaram e Clint encontrou-se fitando o enevoado espelho do banheiro, perguntando-se por que havia começado tudo isso. Mesmo assim, toda vez prometia que seria a última, porém nunca era. E a culpa na verdade crescia, junto com a necessidade de praticar *de novo*. Infelizmente, a culpa era mais forte do que o prazer, contudo a sua mente de alguma maneira bloqueava esse pequeno fato até que ele terminasse.

A mente de Clint viajou para as ocasiões em que o pastor falava sobre culpa. Isso não quer dizer que o rapaz tinha o hábito de ouvir muito o pastor. O seu programa de televisão certamente sabia mais sobre a vida do que *o pastor*. Mesmo assim, raramente conversavam sobre culpa nesse programa, e o pastor parecia ressaltar esse fato com mais freqüência agora que Clint estava cometendo esse pecado constantemente.

"Quando você fizer alguma coisa errada", lembrava-se o rapaz das palavras do pastor, "sua consciência será o seu guia. Você se sentirá culpado, e isso significará que o Espírito Santo está lhe mostrando que é errado o que está fazendo." Acrescentando em seguida: "Continue no erro, e Deus continuará dizendo para você parar — é uma placa de perigo para a sua alma. Se não atentar para os avisos de Deus e continuar na direção oposta, começará a ouvir a voz de Deus cada vez menos e a culpa irá embora, à medida que o seu coração se endurecer e um abismo se formar entre você e Deus".

Clint não conseguia se lembrar muito mais do que isso da mensagem do pastor. Naquela noite, ele e seus amigos haviam comentado a respeito de uma nova garota na segunda fileira, por isso o restante do sermão ficou enevoado.

Clint odiava ter de admitir, entretanto achava que o jovem pastor tinha razão. A culpa de fato fazia-o sentir-se distante de Deus. Como se estivesse num barco, remando na direção oposta. Sabia que tudo o que tinha de fazer era parar de remar e retornar, todavia era mais fácil falar do que fazer. A correnteza era forte.

Contudo, o que tinha de tão errado nisso? Era natural, não é? Faz parte da vida. Algo que *todos* os garotos fizeram numa época de sua vida.

Porém Clint não conseguia se convencer. E depois refletiu: *Mesmo que todos os rapazes façam isso, esse fato torna isso certo para mim? Como pode ser certo se me sinto tão sujo?*

Bam! Bam! Bam! Clint deu um pulo ao ouvir as batidas na porta. Sua irmã gritava:

— Saia, Clint. É a minha vez!

De repente, impulsivamente, Clint gritou com uma ressonância profunda na voz, de uma forma que nunca havia usado com a sua irmã:

— Cale a boca! Vou ficar o tempo que quiser!

A VERDADE DESPLUGADA:

Quando se sentir culpado, perceba que não é a ira de Deus pondo você para baixo. É um sinal meigo para que saiba que Ele deseja que você fique perto dEle e está ao seu lado para ajudá-lo quando precisar.

Não as palavras, mas o tom da voz deve ter mexido com a irmã, porque a ouviu choramingar baixinho e sair sem discutir.

Clint observou o espelho embaçado. Ele mal conseguia enxergar os olhos encarando-o, perguntando-se de onde viera essa explosão — embora já soubesse. Era o som de um rapaz pego na culpa — constrangido, confuso e revoltado. Ele não gostou do som.

— Deus, ajude-me — sussurrou, ainda fitando o espelho. Repentinamente, se enxergou claramente — sem névoa, sem reflexo embaçado — era exatamente ele ali, em pé, exposto. Viu que não era um menino, mas um homem, nada mais do que carne sustentada por ossos, com olhos vazios encarando-o.

Preciso mesmo de ajuda, Senhor, sussurrou ele. Embora não houvesse nada que pudesse agarrar com as mãos físicas, Clint sabia que a ajuda já chegara — estava ali o tempo todo. A culpa que sentia existia para *ajudá-lo,* não era apenas culpa, mas uma convicção: "Deus está me chamando e perguntando se pode ajudar-me a parar de agir daquela maneira, porque não quer que eu reme para longe dEle". O Senhor queria que se movessem na mesma direção.

E foi nesse momento que Clint tomou a firme decisão. Apanhou os remos da sua vida e começou a remar na outra direção. Não importava quão forte a correnteza fluísse ou quantas pessoas estivessem indo na outra direção. Clint ia fazer o que era correto em seu coração, o que era puro e o que o tornava mais do que apenas carne fraca sustentada por ossos. Ele ia fazer o que o fortaleceria. E não faria isso sozinho.

LINK DA VERDADE:

Querido Jesus, mais do que qualquer coisa, quero ficar perto de ti. Não quero fazer nada que me afaste do Senhor ou me faça navegar em outra direção — nem mesmo a masturbação. Ajude-me hoje a viver de modo certo e a ouvir até os seus sussurros. Amém.

IMPLEMENTAÇÃO DA VERDADE:

A televisão, o cinema e as conversas no vestiário tentam convencê-lo de que os atos sexuais, como a masturbação, não machucam ninguém, e que fazem parte natural do crescimento. Contudo, Deus fala de outra maneira. Ele quer que você seja santo e puro na presença dEle, não para que se omita na vida, mas porque deseja que tenha a vida mais abundante possível. Deus deseja que a sua vida seja uma aventura, lado a lado, com Ele, e que mantenha toda atividade sexual segura dentro dos limites do casamento. Ele não deixou que você descobrisse por si mesmo como ter essa vida abundante. Pelo contrário, deseja ajudá-lo a ser santo, puro e seguro todos os dias.

MAS EU NÃO TIVE A INTENÇÃO

Responsabilidade

DOWNLOAD:

Que a integridade e a retidão me protejam, porque a minha esperança está em ti. **Salmos 25.21 (NVI)**

Ron segurava a caixa de ovos no colo, enquanto Ethan dirigia vagarosamente pela vizinhança no escuro. Eles haviam planejado essa noite há dias. Era uma tradição. Como jogadores do time de futebol, ambos deleitavam-se em pregar peças um no outro. E hoje era a vez de Preston Thompson.

Preston deixara na perna de Ethan uma marca do tamanho de uma moeda, por causa de uma estalada com uma toalha molhada no vestiário depois do jogo. Ethan prometeu dar o troco. Era tudo diversão sem maiores conseqüências.

Quando Ron e Ethan chegaram, cada um apanhou uma caixa de ovos e esgueiraram-se pelo gramado de Preston. Em seguida, fazendo mira, começaram a jogar ovos na casa de Preston, tentando segurar a risada enquanto arremessavam.

Com a prática, desenvolveram uma mira muito boa, conseguindo atingir os tijolos para abafar o som de ovos quebrando. Vagarosamente os ovos se espatifavam na casa, deixando para trás uma bagunça lodosa manchada com casca de ovo branca.

Justo quando estavam prontos para ir embora, Ethan pegou o último ovo e mirou na janela da frente da casa. Ron sabia que não deviam acertar as janelas, mas não conseguiu falar nada antes do arremesso. Ethan lançou o ovo final. Em vez de ouvirem um baque, ouviram o barulho de estilhaço de vidro.

Ron e Ethan gelaram.

Olhando um para o outro, Ethan gritou:

— Vamos dar o fora daqui.

Ron entrou em pânico enquanto corria em direção ao carro de Ethan e embarcava. Rapidamente, foram embora.

— Cara, estamos ferrados — afirmou Ron tremendo. — Por que você jogou na janela?

— Não tive a intenção de quebrá-la. Eu só queria que ouvissem o arremesso final para que saíssem e vissem. Achei que seria divertido — justificou-se Ethan.

Mais tarde, naquela noite, quando Ron entrou em casa, encontrou seu pai sentado na sala de visitas com um oficial da polícia. Ron sentiu as pernas ficarem bambas.

— Ron, pode vir aqui? — perguntou seu pai. Ron entrou e sentou-se no sofá.

— Onde você esteve hoje à noite?

A mente de Ron disparou. Não queria mentir para o pai, mas também não queria se ver em encrenca.

— Eu saí com Ethan — respondeu lentamente.

O pai de Ron olhou para o policial, que limpou sua garganta antes de falar.

— Parece que houve um transtorno na casa da Rua Elmo. É a casa de Larry Thompson e sua família. Alguns garotos atiraram ovos nessa casa, e um dos ovos quebrou uma janela. Sabe alguma coisa a respeito disso?

— Sei — disse Ron devagar, confirmando com a cabeça enquanto falava. — Foi um acidente.

O policial fez sinal para que continuasse, enquanto começava a escrever em seu bloco de anotações.

— Foi só por diversão. Todos estamos no time de futebol e pregamos peça uns nos outros. Ethan jogou o último ovo e atingiu a janela. Não tinha a intenção de quebrá-la.

Enquanto o garoto falava, o policial continuava a escrever. Confirmando com a cabeça, o policial disse:

— Imagino que seja algo assim. O senhor Thompson viu o carro de Ethan Mallory sair. Preston disse que você também poderia estar junto. Felizmente, o senhor Thompson não quer dar queixa. Só deseja que a janela seja substituída.

O policial continuou a conversar com o pai do Ron e a fazer anotações no seu bloco. Ron não ouviu muito do que disseram. Estava bastante aliviado porque o pai de Preston não ia dar queixa por causa da janela quebrada.

Quando o policial saiu, o pai de Ron retornou à sala de visita.

— Ron, foi uma façanha estúpida que você arranjou hoje à noite.

— Eu sei, pai. Mas Ethan não teve mesmo a intenção de quebrar o vidro.

— Não estou só falando de Ethan. Você também estava lá e é responsável da mesma forma — declarou seu pai determinado.

Confuso, Ron ponderou:

— Mas pai, não quebrei a janela.

Seu pai balançou a cabeça.

— Não importa. É como um time de futebol. Apesar de um jogador poder fazer ou não um gol, todos participam da vitória ou da perda. Você e Ethan foram lá para jogar ovos na casa de Preston, então ambos são responsáveis por qualquer coisa que aconteça enquanto estiveram lá. Precisa ajudar a pagar aquela janela.

No dia seguinte, antes do treino, Ron entrou no vestiário, imaginando qual tipo de recepção teria.

— Oi, Preston — disse ele. — Desculpe-me por ontem à noite.

Preston virou-se para ele.

— Meu pai ficou bastante esquentado no começo, porém depois se acalmou quando lhe disse que era só uma brincadeira. Ele chamou a polícia antes que pudesse detê-lo, no entanto, consegui convencê-lo a não dar queixa. Contei-lhe a respeito das peças que pregamos nas pessoas, então ele se acalmou.

Ron concordou com a cabeça.

Logo depois Ethan entrou no vestiário e veio em direção a eles. Pediu desculpas a Preston também.

— Não estava a fim de quebrar o vidro, só queria que ouvissem de dentro. Achei que não tinha lançado o ovo com muita força a ponto de quebrar o vidro.

Os três fizeram as pazes, trocaram de roupa e saíram para o treino. Depois disso, quando Ron e Ethan estavam saindo do vestiário, Ron virou-se para Ethan e disse:

— Meu pai disse que tenho de pagar o prejuízo.

Ethan olhou para ele.

— É mesmo?

— Sim — Ron encolheu os ombros. — Ele explicou que, embora tenha sido você que jogou o ovo, eu estava presente, sendo, portanto, um comparsa do crime ou algo assim.

— O que *você* acha? — perguntou Ethan, encarando-o cautelosamente.

— A princípio, não pensava assim, mas agora percebo que ele tem razão — respondeu Ron, confirmando com a cabeça. — Se eu não tivesse ido, você também não teria ido, e a janela de Preston não teria sido quebrada. Então, sim, sou parcialmente responsável.

A VERDADE DESPLUGADA:

Assumir a responsabilidade por suas ações nem sempre é fácil, entretanto, com a ajuda de Deus, você pode passar por situações desafiadoras com integridade.

Ethan não respondeu. Mas continuou andando em silêncio ao lado do Ron, meditando.

— Também estou encrencado até terminar de pagar a minha metade. Eu posso ir à escola, aos treinos e à igreja; e só.

Ethan sorriu.

— Eu também.

Ron continuou.

— Acho que o meu pai vai telefonar para a sua mãe e o pai do Preston hoje e acertar tudo. Tanta coisa só para pregar uma peça, hein?

— Sim — Ethan deu uma risada —, tanto por pouca coisa.

Ron passou duas semanas fazendo serviços em casa para o pai a fim de liquidar sua dívida. Ele não ficou entusiasmado com as conseqüências do seu ato, porém estava aliviado, pois a punição viera do próprio pai e não de um policial. Quanto mais refletia sobre o assunto, mas percebia que seu pai estava certo. Era parcialmente responsável pela janela quebrada. Levou muito tempo para Ron ver um ovo sem sentir-se mal, mas havia aprendido uma lição que jamais esqueceria.

LINK DA VERDADE:

Querido Jesus, ajude-me a assumir a responsabilidade por minhas ações, mesmo quando for difícil. Quero ser uma pessoa íntegra, que não foge das encrencas, mas as enfrenta, sabendo que o Senhor está comigo. Amém.

IMPLEMENTAÇÃO DA VERDADE:

Assumir a responsabilidade por suas atitudes nem sempre é fácil. Você pode tentar se justificar, dizendo que não era sua intenção que algo acontecesse, ou que não foi diretamente responsável.

Para tornar-se uma pessoa em quem Deus confia sua obra é preciso encarar os desafios e as situações incômodas. Isso não quer dizer que tudo sempre dará perfeitamente certo, mas que Ele estará perto para ajudá-o. Você não estará só. E quando tiver vencido a situação, se sentirá bem ao saber que tratou tudo com coragem e integridade.

UM MUNDO DE DIFERENÇA

VERDADE DESPLUGADA

Salvação

DOWNLOAD:

Se você disser com a sua boca: "Jesus é Senhor" e no seu coração crer que Deus ressuscitou Jesus, você será salvo. Porque nós cremos com o coração e somos aceitos por Deus; falamos com a boca e assim somos salvos. Porque as Escrituras Sagradas dizem: "Quem crer nele não ficará desiludido". **Romanos 10.9-11 (NTLH)**

Adam acordou sentindo-se tão preguiçoso como costumava ficar dia sim dia não desde pequeno. Ele lutou para abrir os olhos quando o despertador soou. Esgueirando-se para fora da cama, foi tropeçando até o banheiro. Ao se olhar no espelho, indiferentemente penteou os cabelos, escovou os dentes e lavou o rosto. Era o mínimo que podia fazer.

"Se ao menos você se esforçasse para não ter a aparência de ter acabado de cair da cama. Com pouco esforço, seria um rapaz muito bonito", dizia ela com freqüência. O problema era que Adam não queria se esforçar. Dava muito trabalho e não queria se incomodar.

De volta ao quarto, abriu o armário e tirou as roupas. Não que tivesse de encontrar as roupas que combinassem. Tudo o que tinha era preto ou cinza. Ocasionalmente, punha uma camiseta branca que tinha manchas vermelhas ou laranjas, mas era só. Conhecia outros colegas na escola que se vestiam na última moda, porém Adam não estava a fim disso. Não queria ser pego no flagra usando algo que parecesse que tivesse saído de uma loja fashion do shopping. Além disso, quanto mais dark parecesse, menos pessoas o importunariam. Com todos esses tiroteios nas escolas e outras loucuras, os jovens tinham um palpite claro das pessoas de preto e aparência ameaçadora. Não que Adam estivesse prestes a provocar uma agitação ou coisa assim. Não era isso. Ele preferia jeans e camisetas, e se pudessem ser pretos, tanto melhor.

Na cozinha, despejou cereais em uma tigela.

— Como será o seu dia? — perguntou sua mãe animadamente.

Adam odiava essas conversas; não tinha nada a acrescentar.

— Não sei. Escola, suponho — respondeu com um muxoxo. Não era que quisesse ser difícil ou rabugento. Apenas não sabia o que dizer. A vida era a vida, e a dele era o que era.

— Sinceramente, Adam, você faz parecer como se tudo fosse tão difícil — falou sua mãe com irritação. — E você faz muito bem.

Adam sabia que sem muita provocação ele e sua mãe poderiam entrar em uma grande discussão em questão de segundos, por isso não respondeu e continuou a comer.

Ambos costumavam ser muito unidos, no entanto, desde que os seus pais se divorciaram, ele e sua mãe se mantiveram distantes. Adam, na verdade, não se sentia triste com relação ao divórcio. Às vezes ficava revoltado, entretanto na maior parte não sentia nada. Sabia que seus pais haviam sido infelizes por anos, mas sempre esperava que resolvessem as coisas. Até que um dia anunciaram a separação. Seis meses mais tarde, o divórcio chegara ao fim, e seis meses depois, seu pai conseguira emprego fora do estado. Agora, o via em feriados escolhidos ou durante o verão.

Adam supunha que as coisas ficariam bem desde então. A sua mãe trabalhava longas horas, e por isso os dois não se viam muito. A única hora em que ficavam juntos era no café da manhã, e infelizmente para ambos. Adam não era do tipo que gostava das manhãs, por isso não conversava antes das dez horas. Restava-lhes comunicarem-se através de grunhidos nas manhãs e recados na mesa à noite.

Na escola, Adam vagava de sala em sala. Não havia como se animar com a escola. Ele costumava ser um bom aluno, todavia isso foi nos tempos que se importava com a escola. Agora, achava as aulas maçantes e os outros alunos detestáveis. Tirava notas decentes quando se esforçava, porém dava para levar tirando sempre o suficiente para passar. Para ele, estava bom.

A hora do almoço na escola tinha a sua própria animação. Enquanto os outros colegas se dividiam em grupos e batiam papo com balbúrdia, Adam geralmente comprava um sanduíche e saía das salas de aula para sentar-se nos degraus da escada. Às vezes, alguém parava para dizer oi, porém a maior parte do tempo comia sozinho. Só queria ficar em paz.

— Oi, Adam — saudou Josh Lipton. Josh era colega da sala de artes de Adam. Ele sempre usava camisetas com dizeres bíblicos. E dessa vez não foi diferente.

Essas palavras não estão com nada, pensava Adam.

— Estive pensando se você gostaria de ir a uma festa comigo — perguntou Josh.

Adam quase se virou para ver se o rapaz estava conversando com alguém atrás. Claro que ele não pode estar falando comigo.

— Que tipo de festa? — perguntou hesitante.

— É na casa de um amigo. Vamos jogar vídeo game e comer pizza. Será divertido.

— Está bem — concordou Adam antes que pudesse se deter. Depois que Josh dera todas as coordenadas — data, hora e lugar — e saiu, Adam quis dar um tapa em si mesmo. Por que eu disse que iria? Ele não fazia idéia.

Na noite da festa, Adam chegou alguns minutos atrasado. Ele teria ligado para cancelar, mas se deu conta de que não tinha o número do telefone de Josh. Acho que não tenho escolha, pensou.

Na festa, Adam olhou o ambiente e percebeu que não conhecia ninguém. Alguns rostos pareciam vagamente familiares, entretanto a maioria das pessoas era estranha. Adam ficou à parte, esperando passar tempo o suficiente para poder ir embora sem ser grosseiro.

— Adam, vem ficar com a gente — chamou Josh de um grupo jogando pingue-pongue.

— Estou muito contente por você ter vindo.

Ao observar sua reação, Adam viu que Josh estava realmente contente ao vê-lo, mesmo que não conseguisse entender por quê. A maioria das pessoas nem mesmo o notava. Ele tentou tanto desaparecer, que ficou surpreso quando alguém de fato o viu.

Depois de jogar por um tempo, todos se reuniram na sala de visitas. Adam percebera, após ter chegado, que esse era o grupo da igreja de Josh.

— Atenção, todo o mundo — falou um rapaz que tinha uns vinte e sete anos. — Vamos agradecer a Deus pela pizza para podermos devorá-la.

— Querido Jesus, estamos aqui esta noite para nos divertir e apreciar a companhia um do outro. Eu oro para que o Senhor abençoe este alimento e que a gente se divirta bastante. Também oro para que o Senhor ajude as novas pessoas a se sentirem à vontade e a passarem horas agradáveis conosco. Em nome de Jesus, oramos. Amém — ele finalizou, ao que todos responderam com um caloroso Amém.

Após comerem, todos continuaram a conversar. Adam sentou-se no chão da sala, observando as pessoas como se fossem personagens de um show de televisão. Realmente pareciam ser legais umas com as outras, à maneira de irmãos e irmãs.

— Você está se divertindo, Adam? — perguntou Josh ao sentar-se perto dele no chão.

— Sim, é uma turma divertida — respondeu o garoto. Depois de alguns instantes de silêncio, ele questionou:

— Josh, por que você me convidou?

Josh sorriu antes de responder.

— Não sei. Estava orando e perguntei a Deus a quem devia convidar e o seu rosto me veio à mente. Tomei isso como um tipo de sinal.

Adam não sabia o que responder, então ficou calado por mais alguns segundos.

— Então você sempre ora? — indagou finalmente.

— Sim, oro. Falo com Deus sobre o meu pai, o que penso, as coisas que me preocupam e como me sinto em relação a tudo. Coisas assim.

— E você acha que Ele ouve? — interrogou o outro, intrigado.

Josh deu uma risada.

— Você está aqui, não está? Quero dizer, se não tivesse orado, Deus não me faria ter pensado em você e não teria aceitado. Então, sim, acho que Ele ouve.

— Isso deve ser bom — falou Adam olhando ao léu. — Deve ser bom ter alguém que escuta você sempre que tiver algo a dizer.

— Você também pode conversar com Ele se quiser — declarou Josh.

Adam sorriu e concordou como se soubesse disso, no entanto, por dentro se perguntava se Deus realmente o ouviria. Ele escutaria as suas orações? Poderia contar-lhe tudo que passasse pela sua cabeça e tudo que sentisse?

Mais tarde, naquela noite, Adam deitou-se na cama pensando sobre o que Josh havia dito. Em desespero, fechou os olhos e sussurrou:

— Deus, não sei se pode me ouvir ou mesmo se importa, entretanto gostaria de saber se você existe. Não gosto da minha vida do jeito que é, mas não sei como mudá-la. O Senhor pode me ajudar? — ele esperou para ouvir uma resposta. Por não ouvir, virou-se e fechou os olhos. Pelo menos valeu a tentativa, concluiu o garoto.

Durante o almoço, na segunda-feira seguinte, Adam tomou o seu lugar habitual nos degraus para comer o seu sanduíche. Poucos minutos depois chegou Josh.

— Oi, Adam.

— Ah, oi, Josh. Obrigado de novo por me convidar para a sua festa — disse ele.

— Não foi nada. Fiquei contente por você ter ido — respondeu Josh. Depois trocando desconfortavelmente de um pé para o outro, Josh disse:

— Adam, estava orando neste final de semana e vi o seu rosto em minha mente de novo. Sinto que Deus quer que eu fale algumas coisas para você. — Silenciosamente Adam o observava.

— Sinto que deseja que você saiba que Ele o ama e que olha por você. Deus sabe que você não está feliz com a sua vida e Ele quer ajudá-lo.

Adam sentiu o sangue subir no seu rosto. Josh tinha respondido as perguntas exatas que Adam havia feito em oração.

Rapidamente Josh sentou-se ao lado do amigo.

A VERDADE DESPLUGADA:

Na vida, você não encontrará um propósito, um significado e uma realização maior do que você pode encontrar em Jesus.

— Você está bem?

Adam explicou que havia orado a Deus as mesmas coisas que Josh acabara de lhe dizer. Josh sorriu e deu um leve tapa nas costas do amigo:

— Isso é impressionante! — exclamou ele.

— O que eu faço agora? — perguntou Adam desesperado.

Josh sorriu.

— Você pode orar e pedir para Jesus entrar em seu coração.

Quando Adam olhou para ele confuso, disse:

— Apenas repita o que eu orar:

— Querido Deus, sei que preciso de você em minha vida. Não só preciso, mas quero tê-lo em minha vida. Oro para que o Senhor perdoe os meus pecados. Reconheço que Jesus é o Filho de Deus. Quero dedicar minha vida a servi-lo. Mostre-me o que fazer agora. Amém.

Adam repetia a oração conforme Josh falava. Quando terminou, abriu os olhos. Ele não sabia o que esperar. Haveria fachos de luz? Era agora que ouviria a voz como um trovão? Em vez disso, ele ouviu Josh exclamar.

— Isso é tão legal!

Com o passar das semanas, Adam sentiu que a nuvem negra sob a qual tinha vivido sumira. As coisas não mudaram imediatamente, todavia, à medida que continuava a orar e a ler a Bíblia, começara a sentir-se mais esperançoso com relação à vida. Ele foi à igreja com Josh, e mais tarde sua mãe também foi.

Adam fez novas amizades no grupo jovem e passou a ver um plano muito maior para a sua vida. Enquanto há algumas semanas achava impossível ver bondade em qualquer coisa, agora percebia possibilidades em todo lugar. Adam havia permitido que a presença inconfundível de Deus entrasse em sua vida, e isso estava fazendo a diferença.

LINK DA VERDADE:

Querido Deus, creio que Jesus é o Filho de Deus e que morreu na cruz por mim. Peço ao Senhor que perdoe os meus pecados. Quero dedicar a minha vida ao seu serviço. Ajude-me a viver uma vida cristã e a encontrar amigos cristãos. Obrigado por entrar em minha vida. Amém.

IMPLEMENTAÇÃO DA VERDADE:

Ao ler os devocionais neste livro, você percebeu que alguma coisa está faltando em sua vida? Já tentou encontrar um significado de outras maneiras, porém só continuou sentindo um vazio em sua vida?

Cada pessoa no mundo foi feita para ter um relacionamento com Jesus. Cada um de nós decide se permite ou não que Ele entre em nossa vida. Caso você permita, encontrará mais significado e realização em sua vida — pura e simplesmente. Ele está sempre esperando para ouvir, ajudar e orientá-lo. Não há jornada melhor do que a que você faz com Jesus. Não espere — Ele quer ser parte de sua vida hoje.

Se você entregou sua vida a Jesus no passado, mas afastou-se dEle, tudo bem. Ele ainda ama você. Ele nunca deixou de amá-lo. Não importa o que tenha feito, nunca estará além do seu amor. Tome a decisão de dedicar-lhe sua vida. Depois, encontre uma igreja onde poderá fazer sólidas amizades cristãs.

Prepare-se — você apenas começou a aventura de sua vida! E essa é a Verdade... desplugada.

Impressão e acabamento
psi7 psi7.com.br | book7 book7.com.br